胎教
一天一页

艾贝母婴研究中心◎编著

四川科学技术出版社
·成都·

前 言

胎教烦琐吗？

胎教枯燥吗？

胎教杂乱吗？

······

如果准妈妈问我，我会说：不，胎教很美！

是的，这是一本很美的胎教书，它就像一个精美的宝盒，合上时，精巧地呆在那里，打开时，就像一个贴心的好朋友，奉上此时此刻准妈妈最需要的答案与支持：

280天，每天一页，让准妈妈告别无所适从的疲累；

40周，每周都有新变化，胎宝宝怎么样了，自己怎么样了，别急，这些准妈妈都将从容地找到答案；

10个月，每个月都有为准爸爸量身定做的陪伴"法器"，胎教，是三个人的美好时光，而不是准妈妈一个人的任务。

它还是一本充满魔力的胎教书：

当准妈妈为"今天还可以做点什么好"的多余精力而犯愁时，翻开它，随手一页都可能是你正需要的素材；

当准妈妈为"为什么感觉有点不开心"而感到困惑时，打开目录，找到"调出好情绪"与"胎教新知"，那里面都是留给准妈妈孕之旅中可能遇到问题的锦囊妙计哦；

当准妈妈为"孩子出生后怎么教"而感到迷茫时，多翻翻它，胎教亦是早教，准妈妈孕期了然于胸的一切素材，胎宝宝出生后都非常用得上，那时候不用翻书，准妈妈也可以一边搂着小宝宝，一边看着他的眼睛，从容地给他讲故事、读诗歌、讲电影、赏析名画……

怀孕是一件美好的事情，胎教也是，从翻开这本书起，开始充满欢声笑语与期待的胎教旅程吧！

目　录

第1个月

胎宝宝在哪儿？

第2个月
是小胚胎啊

第 4 个月
很需要陪伴

第 **6** 个月

传递爱的信号

听，外面的世界

第7个月

第8个月 小小人儿初长成

第9个月 感受得到准妈妈的情绪

你好，爸爸妈妈

第10个月

第1个月

胎宝宝在哪儿？

孕的旅行

在孕期的第 1 周，也许是准妈妈生命中一个全新时期的起点。如果没有意外，准妈妈会在这个周末时排卵（一般排卵期是在月经周期的第 13 ~ 20 天），可能两周之后，准妈妈子宫中会悄悄藏进一个小生命。

🌿**月经来潮第 1 天：** 记住这一天，在日历本上做个记号。过不了多久，这个日子就能帮助测算出预产期等准妈妈关心的数据。

🌿**排卵信号：** 阴道分泌物变得像蛋清一样、体温略有升高、下腹部出现不适等。准妈妈如果把握不准，还可以用排卵试纸测一测。

🌿**浪漫的事：** 在卵子排出前 2 ~ 3 天，或排卵当天，发生浪漫的事，怀孕的概率会非常大。准妈妈要注意不要熬夜，让身体舒适，这样新生命的到来会更顺利。

🌿**精子与卵子的奇遇：** 来自准爸爸体内的精子与等待在准妈妈输卵管里的卵子结合后，新生命就正式开始他的旅程了。每次性交活动，都会有 3 亿 ~ 5 亿个精子冲出来，一般只有一个强壮的精子能与卵子形成受精卵，开始生命之旅。精子之间的竞争可以用激烈来形容。正常的精子都很活泼、动作敏捷，每分钟能游动 2 ~ 3 毫米，最终靠近卵子的精子，都是既强壮又幸运的。

受精卵在最初的分裂中，如果分裂成了两个胚泡，会形成同卵双胞胎，如果准妈妈身体两侧卵巢都有卵子成熟并排出，就有可能形成异卵双胞胎或多胞胎。

至此，新的小生命出现，接下来就是十月怀胎之旅。

你理解中的胎教是什么

准妈妈理解中的胎教是什么呢，听莫扎特的曲子、抚摸、讲故事、对话？

这些的确是常见的胎教方式，但并不是说胎教就是要求做这些事。

🌱通俗意义上的胎教

胎教，从广义来讲，是为了促进胎宝宝的生理上和心理上的健康发育成长，而采取一系列的包括营养、环境、精神等方面的孕期保健措施；狭义来讲，则是根据胎宝宝发育的情况，采取各种胎教措施，比如拍打、光照、对话等，激发其大脑、身体运动、感觉及神经系统的潜能。

跟踪研究发现，受过良好胎教的孩子日后更聪明、更健康、更灵敏，在婴儿期情绪稳定，较容易安抚；性格活泼，容易与人相处；身体的各种功能也发育较早，其后的语言能力、运动与感觉能力、对事物的敏感性等都高人一筹。

🌱一切令准妈妈感觉好的事情，都可能是极好的胎教

简单地说，胎教是先通过让准妈妈感觉愉悦与被爱，而后经由准妈妈的身心与胎儿产生联结，从而让胎儿得到正向发展的方式。

一切令准妈妈感觉愉悦、受到陶冶的事情，都可能是极好的胎教。

🌱准爸爸的重要性不言而喻

孕育新生命的过程中，没有什么人能比准爸爸的支持更为准妈妈所需要。

准爸爸此时可以做的事，有帮准妈妈准备可口饭菜、给准妈妈创造良好环境、满足准妈妈的古怪要求等。

只要让准妈妈愉悦了，胎宝宝就受益了。

看一看，接受过胎教的宝宝是什么样子

受过良好胎教的宝宝，如果出生后持续训练，一般都具备这样一些优势。

🌿 语言能力增强

出生2个多月能认识爸爸妈妈，3个多月能听懂自己的名字，4个半月时能认出第一件东西，6～7个月时能辨认手、嘴、奶瓶等，还会较早地学会用姿势表示语言，会做"欢迎""再见""谢谢"等动作，显得特别聪明可爱。

🌿 学习能力增强

20天左右会被逗笑，3个多月就表现出喜欢听儿歌、故事，看书、看字等旺盛的学习欲望。

🌿 运动能力发展好

抬头、翻身、坐、爬、站、走都比较早，而且动作敏捷、协调；精细运动能力方面，宝宝手的抓、握、拿、取、拍、打、摇、对击、捏、扣、穿、套等能力强。

🌿 心理行为健康

情绪比较稳定，总是乐呵呵的，有较强的感应能力，听到妈妈的脚步声、说话声便会停止啼哭，爸爸妈妈会觉得宝宝好带。

Day

11 ~ 14

✓ 孕的开始

奇妙的汉字：人

"人"，这个汉字自古至今形体和意义都没有发生本质的变化。

现今我们使用的"人"字，为一撇一捺组合而成。"人"字的来源与演变经历了哪些呢？

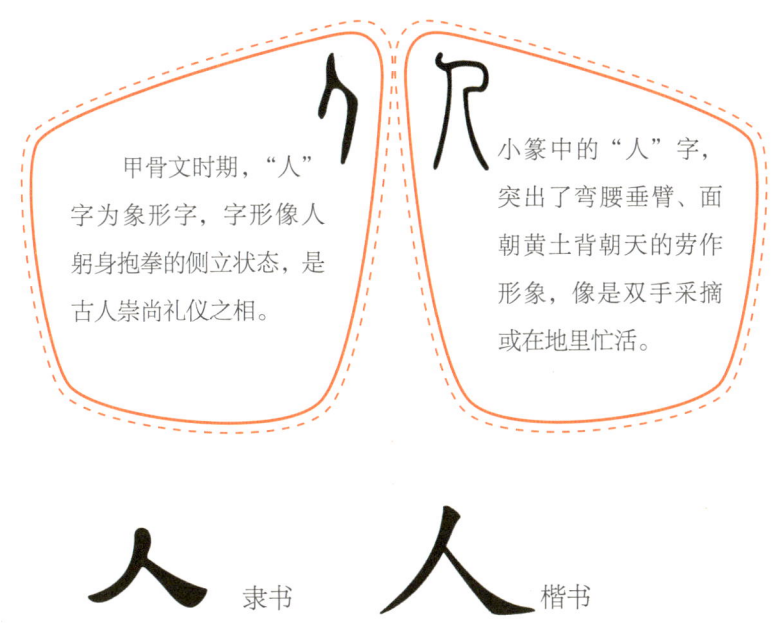

甲骨文时期，"人"字为象形字，字形像人躬身抱拳的侧立状态，是古人崇尚礼仪之相。

小篆中的"人"字，突出了弯腰垂臂、面朝黄土背朝天的劳作形象，像是双手采摘或在地里忙活。

人 隶书   人 楷书

发展到隶书和楷书，"人"字笔画更加平稳匀称，将甲骨文、小篆的侧立人形变化为更像人跨步行走的形象。

《说文解字》："人，天地之性最贵者也。"

《释名》："人，仁也，仁生物也。"

《礼记·礼运》："故人者，其天地之德，阴阳之交，鬼神之会，五行之秀气也。"

可见，我们的祖先认为天地万物之中只有具备文明、礼仪、仁善等内在品行者才能称其为人，并以简单两笔勾画概括了人体的基本特征和人的内涵，足见中华民族先人高度的概括能力和智慧。

Day

15 ～ 17

✔ 孕的开始

一个"幸运儿"诞生了

如果没有意外，一粒名叫"幸运儿"的小精子，经过 2~3 天的跋涉后，在第 3 周将与卵子结合成为受精卵，这就是未来的小宝宝！

未来的一天，这个小宝宝会扑棱着肉乎乎的小胳膊，紧紧地依偎在妈妈的怀里，那种满足和幸福，是人生在世无法用语言来表达的感觉。

🌱受精卵发育第 1 周： 受精卵先用 3 ～ 4 天的时间运动到子宫腔，在移动的过程中，它本身也在发生着巨大的变化，由一个细胞分裂成多个细胞，并成为一个总体积不变的实心细胞团，称为桑葚胚，也叫胚泡。

🌱受精卵发育第 2 周： 准妈妈的子宫正在为胎宝宝的到来悄然发生改变，大小没有什么变化，还是像鸡蛋般大小，但子宫内膜受到卵巢分泌的激素影响，变得肥厚松软而且富有营养，血管轻微扩张，水分充足，这一切都是为了让胚泡"安心"住下来，同时向准妈妈的下丘脑和卵巢发出不需要再排卵的信号。

🌱着床： 胚泡外周的透明带消失后，胚泡便与子宫内膜接触并埋于子宫内膜里，称为"着床"。这一过程一般从受精后 6 ～ 7 天开始，在 11 ～ 12 天完成，其间可能准妈妈有些微的痛感，但也可能并不会察觉。

🌱生命体征： 从第四周起，胎宝宝就开始有生命的体征了——胚胎一部分分裂形成大脑，另一部分则形成神经组织，还有原始的心脏和血管。

当然，这一时期胎宝宝的个头还很微小，如果准妈妈去照 B 超的话，虽然可以看到，但不会很清楚，而是要再过几周，也就是到第三个月末才能看清楚。

为什么说胎宝宝喜欢与准爸爸互动

怀孕育儿，从来不是准妈妈一个人的事情，准爸爸一定要及时准确地进入胎教的角色。准爸爸的参与不仅是对准妈妈的大力支持，同时可以促进胎宝宝的发育，还可以促使胎宝宝建立对准爸爸的信任感。

有研究证明：胎宝宝对男性低频率的声音，比对女性高频率的声音更敏感。所以，胎宝宝更容易接收到爸爸的声音。

怎样让准爸爸更充分地参与胎教呢？

素材准备工作

可以准备一些素材，比如一篇好的文章，一个好的故事，一本有意思的书，这样可以避免准爸爸因没有准备而无所适从。这项准备工作越早做越好，可以是准爸爸自己做，也可以由准妈妈来代劳。

商讨与记录

为了让腹中的胎宝宝更好地成长，准妈妈不妨主动跟准爸爸提议并商讨一下，看看孕期生活中都有哪些环节是准爸爸可以参与进来的。准爸爸、准妈妈可以根据家庭自身的情况一起讨论，并记录补充，写出来或者打印出来，贴在墙上，例如：

1	准爸爸可以给胎宝宝做对话胎教，为胎宝宝唱儿歌、讲故事。
2	准爸爸要记住准妈妈生日、结婚纪念日等特别的日子，精心准备小礼物。
3	经常做家务，并下厨做几道准妈妈喜欢吃的菜。

要相信，付出会让一个人获得成就感和价值感，这种感觉是幸福的基础。

一封胎宝宝的来信

亲爱的爸爸妈妈：

　　你们好哇！

　　我是你们的小宝贝，我现在在妈妈的身体里安了家，虽然妈妈的身体为了我的到来发生了翻天覆地的变化，但是你现在可能还一点儿也感觉不到我的存在，不要难过哦，很快，你就会真真切切地感受到我啦。

　　曾经，爸爸体内有一只"小蝌蚪"，与三亿多个兄弟一同来到妈妈的身体里。三亿！妈妈，那是一个很大的数字，反正我用手指头和脚指头一起数也数不过来。

　　这可真是一场残酷的比赛，和这只"小蝌蚪"一起跑到妈妈输卵管里的，竟然只有几百个兄弟。听说，卵子小姐会设立一种酶的"考试"，而这些兄弟中只有一个能够被卵子小姐接受。

　　接下来的事情，我就不用介绍了，那个"幸运儿"以快过其他几百个兄弟的速度，冲在了前面，成为了优胜者，走进了卵子小姐的身体里。

　　就在穿过保护层的那一瞬间，这个"幸运儿"与卵子结合成了受精卵，那就是我啦。天哪，从那以后就开始了令人应接不暇的裂变，由一个细胞，变成两个、四个、八个、十六个……哎呀，实在是数都数不过来了。

　　接下来，我发散出激素，来到了新家——妈妈的子宫。

　　剩下的事情，爸爸妈妈你们已经知道了吧，我将要在新家里度过未来的九个月，成长为爸爸妈妈的小宝贝，然后与你们见面！

　　爸爸妈妈，耐心等待我哦，还要记得多陪我说话、游戏、玩耍哟。

——来自你们的小宝贝

Day
25 ~ 28

✓ 孕的开始

怀孕日记：一切美好从此开始

写日记，是经过一天的忙碌之后最好的放松方式，同时，这满载爱的怀孕日记将是给未来宝宝最好的见面礼。一切美好，可以从写怀孕日记开始。

🌿 怀孕日记的意义

1. 怀孕日记可以记录胎宝宝的成长变化、母子之间的互动内容，有纪念意义。

2. 怀孕日记可以记录这段时期的特殊时刻和准妈妈心理上的感受，写下来便是回忆与舒缓的过程，可以令准妈妈心情舒畅，安静祥和。

3. 怀孕日记是妈妈送给日后长大成人的孩子的最好礼物。看到妈妈用爱心写成的日记，日后孩子也会很感动并且内心充满力量。

🌿 如何写怀孕日记

怀孕日记可以记录下准妈妈认为比较重要的事，如每日的胎教情况，听的什么曲子，听了多长时间，听了几次……

等到第 4 个月开始，准妈妈和胎宝宝的胎教互动增多，怀孕日记也可以增加一些内容，如胎动开始日期、胎教内容、胎宝宝反应等。

其他如产前检查、健康状况、孕期用药情况、自我监护情况等也都可以记录。

🌿 怀孕日记的形式不拘一格

可以用表格、图文日记、流水账等任何一种自己喜欢的方式记日记，可以是准妈妈写，也可以是准爸爸写，或是两人一起写。

不论是记录胎宝宝的情况，还是准妈妈的感觉，或是怀孕时的烦恼和不愉快的事，只要是用心、用真情去写的，这本怀孕日记便有血有肉，充满孕期生活特有的气息。

第 2 个月

是小胚胎啊

胎宝宝的样子

现在，在子宫里，胎宝宝正飞速发育。

🌱 像个小海马的胎宝宝

现在，小得像颗绿豆的胚胎（8 周之前叫胚胎）虽然只有 6 毫米长，1 克重，但却有个约占了身长一半的大脑袋，还有一条小尾巴，酷似一只可爱的小海马。

在细胞分化中逐渐分成三层的胚盘，正逐步发育成各个器官。外胚层会变成神经系统、眼睛的晶体、皮肤表层、毛发和指甲等；中胚层变成肌肉骨骼、结缔组织、循环系统和泌尿系统；内胚层则变成消化系统、呼吸系统的上皮组织和有关的腺体、肝脏、膀胱等。

到了第 5 个周末，胎宝宝会长到 11 ~ 13 毫米。

🌱 准妈妈的身体内部发生着巨大的改变

第 5 周，准妈妈的子宫颈黏液会变得更加黏稠，与血液结合形成的黏液栓可以使子宫更封闭，给胎宝宝一个安全的环境。准妈妈的身体开始分泌孕酮，以使子宫肌肉变得柔软，方便胚胎着床和防止流产，并且会给卵巢和下丘脑发出信号，不需要再次排卵了，同时也阻止了月经的再次来潮。当这种激素随着胚胎的发育分泌得越来越多，准妈妈会感觉不适，容易疲倦、嗜睡。这些都是怀孕的信息哦。

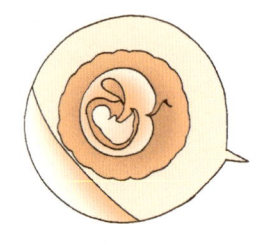

确认怀孕后，准妈妈就要考虑建档的医院了，建档即建卡，用以记录每次产前检查和各项检查项目的详细情况，以便医生对准妈妈孕期有一个全面的了解。

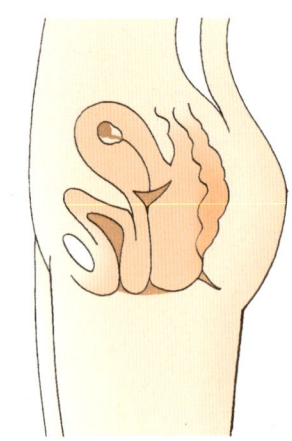

怀孕了怎么吃

怀孕了，很多人发愁吃的事情，怕吃少了，怕吃得不够营养，那么，怀孕了到底该怎么吃呢？

🌱怀孕早期不必刻意大补

胚胎快速增殖期间，并不需要太多营养，准妈妈本身已有基础足够供应。所以这个时候不需要刻意进补，延续之前的饮食习惯，定时定量进餐，不要偏食，谷物、肉食、蔬果、海产品等，均衡搭配，营养全面即可。

如果太刻意，甚至大补特补，胎宝宝不需要的营养就会全部留在准妈妈身上，容易造成肥胖，给后面的孕期生活增加烦恼，或者引起妊娠合并症等。

🌱孕吐期间少吃多餐

有些准妈妈可能担心后面的孕吐会影响营养摄入，所以先补充些，其实这也没必要，因为事实证明，在孕吐期间采用少吃多餐的进食方式，反而能不间断地增加营养，体重增长也能控制在正常范围内。

🌱孕期口味变化多

孕期准妈妈的口味喜好会发生很大变化，准妈妈可能强烈嗜食某种食物，原本喜欢吃的，怀孕后看到就恶心，原本不喜欢吃的，现在反倒特别喜欢。

准妈妈如果变馋了，也不要不好意思，这并不是自己娇气或矫情，所以想吃什么就吃点什么，不需要太克制，只是不要吃过量，不吃那些被明确列在黑名单上的食物就行。怀孕的头3个月，是致畸敏感期，尽量不经常吃金枪鱼、鲈鱼、剑鱼、鳟鱼、梭子鱼等含汞量高的海鱼，肉类中可能寄生弓形虫，一定要煮熟再吃。

胡萝卜橙汁

备孕、怀孕期间，准妈妈会有意识地戒掉一些饮料，比如可乐、咖啡以及一些市售果汁饮料等，整个孕期，除了吃得健康，也可以吃得美味哦。

拿出尘封的果汁机、豆浆机、榨汁机吧，将自己喜欢的蔬菜或水果随意搭配榨汁饮用，既能享受美味，又能享受动手的乐趣。

胡萝卜橙汁

原料：橙子2个，胡萝卜1根。

做法：

1.橙子去皮，去籽，切成小块；胡萝卜洗净，去皮，切成小块。

2.将橙子肉和胡萝卜一起放入榨汁机，榨出胡萝卜橙汁。

母亲的诗

今天，读一首温暖的小诗吧，这是加夫列拉·米斯特拉尔的《母亲的诗》中的诗句。

我久久地凝视玫瑰的花瓣，欢愉地抚摸它们：我希望他的小脸蛋像花瓣一般娇艳。我在盘缠交错的黑莓丛中玩耍，因为我希望他的头发也长得这么乌黑卷曲。不过，假如他的皮肤像陶工喜欢的黏土那般黑红，假如他的头发像我的生活那般平直，我也不在乎。

我远眺山谷，雾气笼罩那里的时候，我把雾想象成女孩的侧影，一个十分可爱的女孩，因为他也可能是女孩。

但是最要紧的是，我希望他看人的眼神跟那个人一样甜美，声音跟那个人对我说话一样微微颤抖，因为我希望在他身上寄托我对那个吻我的人的爱情。

——《母亲的诗》节选

多么美好的文字啊！

虽然胎宝宝此刻还只是一个看不见摸不着的小种子，住在准妈妈的子宫，但是，准妈妈肯定已经无数次地幻想过他的模样。他会是什么模样呢？

像爸爸，还是像妈妈？

想不想在这里画下想象中宝宝的模样呢？

如果准妈妈觉得画起来麻烦或者还不能那么仔细地画出来，也可以找出自己和准爸爸的照片，用人像分析软件生成一张宝宝的照片，打印出来贴在家里哦。

子宫对话

研究证明，胎宝宝更容易接收到准爸爸的声音，这是个足以让每个准妈妈嫉妒的事实，也是让准爸爸参与胎教的充分理由。

子宫对话的意义

科学家通过对胎宝宝的听觉功能试验得出结论：类似男声的低频声音更容易传递到羊水中，更适合胎宝宝的听觉功能，因此胎宝宝会对准爸爸的声音更敏感。借助这个优势，如果准爸爸多参与胎教，胎宝宝可以很快熟悉准爸爸的声音，并深深烙印在脑海中，更方便建立父子间的亲密关系，促进胎宝宝的健康发育。

子宫对话的内容

准爸爸可以根据自己的爱好、兴趣或知识范围随意制定每天的对话内容。

子宫对话的形式

准爸爸讲话不能离得太远，以准妈妈能看到准爸爸脸上的表情为宜。

不要担心没话说，胎宝宝喜欢重复，讲准妈妈讲过的故事，念一首熟悉的诗歌，都很好。

在对话开始和结束的时候，准爸爸可以重复一些开场白和结束语，例如"在妈妈肚子里舒服吗？你没有朋友，一定寂寞吧？从今以后，我就是你说话的伙伴，我会告诉你外界一切美好的事物的""你真是一个聪明的孩子，我相信我们俩的聊天能让你感到开心"等。

准爸爸在与胎宝宝说话的时候，不要觉得这是可有可无的，也不要抱着应付一下的心态，也许开始前会觉得有些别扭，但是当自己真正开始了，就会知道，这是一种爱的自然流露。

孕

孕，是人来到这个世界上的开始，所以孕字带有初始、哺育的意思。

在很多地方，人们会称女人怀孕为"有了身子"，指一个身体里有了另一个身体，这便是孕。

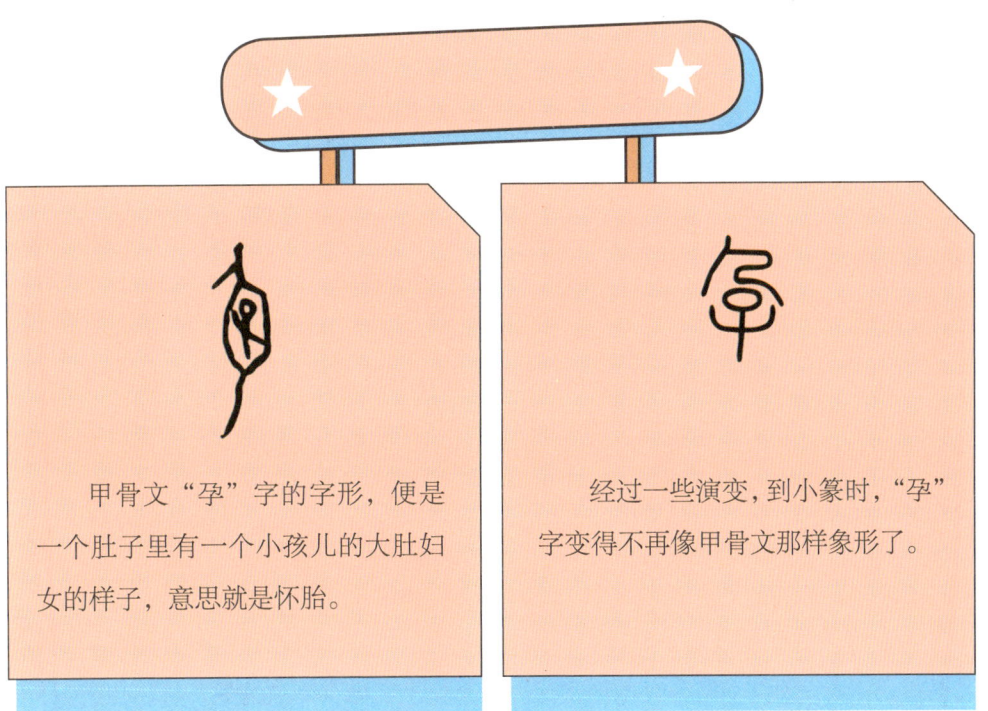

甲骨文"孕"字的字形，便是一个肚子里有一个小孩儿的大肚妇女的样子，意思就是怀胎。

经过一些演变，到小篆时，"孕"字变得不再像甲骨文那样象形了。

《国语·鲁语上》："鸟兽孕，水虫成。"韦昭注："孕，怀子也。"

孕字在这里的用法，可以引申为"孕育"。

不仅是人类，世界上的哺乳动物，大多是通过怀孕来繁衍后代的哦，哺乳动物有哪些呢？准爸爸和准妈妈如果感兴趣的话，不妨去查阅资料，讲给胎宝宝听一听。

猜猜我有多爱你

《猜猜我有多爱你》作者山姆·麦克布雷尼，爱尔兰人；绘图者安妮塔·婕朗，英国人。这个绘本是他们的经典作品。

　　这本图画书中只有小兔子和大兔子，小兔子认真地告诉大兔子"我好爱你"，而大兔子回应小兔子说："我更爱你！"

　　书中的大兔子很爱自己的小兔子，而小兔子更希望自己的爱能胜过大兔子的爱。他想尽办法用各种身体动作、看得见的景物来描述自己的爱意，直到累得在大兔子的怀中睡着了。

　　"我爱你有这么多。"小兔子把手臂张开，开得不能再开。

　　但大兔子有一双更长的手臂，他张开来一比，说："可是，我爱你这么的多。"

　　小兔子想：嗯，这真的很多。

　　…………

　　大兔子用智慧赢得了比赛和小兔子稍微少一点的爱，可小兔子用它的天真和想象赢得了大兔子多出一倍的爱。

　　整个绘本充溢着爱的气氛和快乐的童趣，相信准妈妈和准爸爸都会被它吸引哦。

胎宝宝的样子

这一周，胎宝宝继续迅速生长，身体开始成形，但还是只有蓝莓般大小，蜷缩成一个"C"字模样。保持愉悦的心情吧，这样可以让胎宝宝快速又快乐地成长。

🌿 蓝莓般大小的胎宝宝

到现在为止，胎宝宝已有蓝莓般大小了，他的身体各部位和器官系统的细胞也正迅猛地分化着。胎宝宝面部器官逐渐成形，眼睛和鼻孔是小黑点，耳朵的地方是两个小浅窝，而胳膊和腿都还只是小突芽，胎宝宝的嘴（舌头和声带刚刚开始成形）的开口下方会有一些发育成脖子和下颌的小皱褶。

🌿 血液循环开始建立

胎宝宝的心脏开始划分心室，并进行有规律的跳动，血液循环系统开始建立起来。胎宝宝的心脏在这一周可以跳到150次/分钟，可能是准妈妈的2倍，不过准妈妈现在还不能听到，耐心地等一等，这个过程不会很久的。上周发育的神经管开始连接大脑和脊髓，肝脏、脾脏、肺脏、肾脏也都有了雏形并开始发育，小小的呼吸通道也开始在以后将要发育成肺的地方显现出来，显得那么神奇而又理所当然。

现在准妈妈或多或少会有孕吐反应，这是正常现象，但孕吐的出现和程度会因人而异，如果准妈妈现在还没有出现孕吐反应，也许就幸运地成为了在前3个月不出现孕吐的一员哦。

涂色画《九色鹿》

给图片填上漂亮好看的颜色，不但是儿童的最爱，其实也是成人喜欢的事，在涂色的过程中，准妈妈需要排除外界的干扰，集中注意力，来完成一幅作品。在这个过程中，准妈妈会感受到专注带给自己的乐趣，而涂色成功后，准妈妈也会特别有成就感。

鹿是很受人喜爱的动物，传说鹿经常与仙鹤一起保卫灵芝仙草，是长寿的仙兽。千年为苍鹿，二千年为玄鹿。

鹿字又与三吉星——"福、禄、寿"中的禄字同音，象征吉祥长寿和幸福安康，在有些图案组织中亦常用来表示长寿和繁荣昌盛。

给下面这幅《九色鹿》涂色，给家人祈求"禄"吧。

Day 38

美妙音乐

春之声圆舞曲

《春之声圆舞曲》通过生动流畅的旋律和自由灵活的节奏，生动地描绘了大地回春、冰雪消融、万物复苏的景象。

《春之声圆舞曲》作于1883年。当时作者已年近六旬，但此曲依然充满活力，处处散发着青春的气息。

主题在简短热情的引子之后呈现出来，华丽敏捷的旋律如春天的气息扑面而来，洋溢着青春活力。全曲具有相当高的艺术性，雅俗共赏、经久不衰。曲中生动地描绘了大地回春、冰雪消融、一派生机的景象，宛如一幅色彩浓重的油画，永远保留住了大自然的春色。

春之声在天空中荡漾，
鸟甜蜜地歌唱，
小丘和山谷闪耀着光彩，
谷音在回响。
啊，春天穿着魅力的衣裳，
同我们在一起，
我们沐浴着明媚的阳光，
忘掉了恐惧和悲伤。
在这晴朗的日子里，
我们奔跑，欢笑，游玩。

千与千寻

如果准妈妈看过宫崎骏的电影，一定不介意重温，如果准妈妈没有看过他的电影，千万不要错过。在孕期这样的时期，最适合观看的就是他的那种带着诚意、直击人的内心最深处的电影了，比如《千与千寻》。

经典台词

1. "曾经发生的事不可能忘记，只是暂时想不起来而已。"

2. "我们还会在那里相逢吗？" "一定会的。" "一定噢？" "一定。你去吧，记得别回头噢。"

3. "别害怕，我跟你是同一边的。"

4. "对不起，我刚才呼吸了。" "不，千寻已经很努力了。"

5. "名字一旦被夺走，就再也找不到回家的路了。"

6. "我到现在都想不起自己的名字。可是真是不可思议，我居然还记得你的名字。"

7. "你不懂么？这就是爱。"

8. "放心吧，你一定可以做得到的。"

面对未知的世界，有的人会感到恐惧，如果只是远远地躲着，那么它永远会让你害怕。但是如果你走进它、触摸它，你就有机会发现一些不同的东西。

电影中千寻面对未知与恐惧，在不断成长的过程中，她没有丢掉自己的善良，给无脸男的一句关心，让她成为他眼中独一无二的人。

勇敢、善良，是面对一切未知与恐惧的法器。未来的孕期旅程，准妈妈和胎宝宝都要加油哦。

怀孕后并没有特别多忌口

　　不少准妈妈都被告知怀孕之后不能吃山楂，不能吃螃蟹，不能吃桂圆、荔枝，还有薏仁、甲鱼等也不能吃，这样一数，孕期需要忌口的食物还不少。一些人以为这些食物会引起流产，其实这些都是以讹传讹，并没有科学根据。

　　不过，一般建议准妈妈不要吃未熟透的肉、蛋，因为未完全煮熟的肉类、蛋类很有可能带有大量细菌，准妈妈食用之后容易受到感染，进而影响到胎宝宝的健康发育。

　　其他烧烤、油炸、腌制食品等不健康的食品，即使是未怀孕的人群，建议也不要过多食用，这类食品吃多了对健康不利。准妈妈本身身体负担较重，过多食用不健康食品可能会加重孕期的不适。总之，孕期饮食并没有那么多忌口，大部分食品都可以吃，但要注意，未熟透的食品尽量不要吃，不健康的食品不宜过量食用。

对弈

对弈在古时候是指下围棋，现在我们将下棋统称为对弈。自古以来，琴棋书画就是我国传统的四大文化艺术，而下棋既锻炼人的思维，又愉悦身心，有益于培养人的耐心和斗志，舒缓大脑，增强人的自信心。

下棋是一种有益的智力活动，能使人闪耀智慧的火花，是培养思维能力的高雅运动，下棋也被人们形象地称为智慧体操。

🌱 对弈的好处多多

1. 锻炼智慧：对弈时，在不断提出和解决问题的过程中，能使得大脑得到良好的锻炼。

2. 增进记忆：对弈时对盘局的记忆训练可提高记忆能力。

3. 陶冶性情：对弈过程中，要集中精神，静心定气，有助于思想品德的修行。

🌱 夫妻对弈

如果准爸爸对下棋有更多的兴趣，更了解下棋的规则和战术，但准妈妈以前不经常下棋，那准爸爸就多和她对弈吧，不要因为准妈妈下得不好而取笑她，多点耐心，输赢不重要，重要的是准爸爸可以在下棋的过程中付出更多的关爱，无论是耐心，还是富有爱意的指点，都会让准妈妈的动脑时间更有效率。

至于下哪种棋，则可根据准爸爸和准妈妈的喜好选择，围棋可以，象棋也不错，跳棋、五子棋等也很适合闲暇时玩几盘。

现在胎宝宝的大脑正在形成，他的脑部发育非常迅速，因此是对他进行适当脑部刺激的好机会，准妈妈需要多动动脑，帮宝宝开发他的潜能，玩益智游戏是很不错的方法。除了对弈，九宫格游戏、猜谜游戏等都可以时常玩一玩。

王维山水诗两首

　　唐朝著名诗人王维以画入诗，以灵性的语言、生花之笔为我们描绘出一幅幅或浪漫，或空灵，或淡远的传神之作。其山水诗画面感极强，一起来体会一下吧。

山居秋暝

空山新雨后，天气晚来秋。

明月松间照，清泉石上流。

竹喧归浣女，莲动下渔舟。

随意春芳歇，王孙自可留。

鹿柴

空山不见人，但闻人语响。

返景入深林，复照青苔上。

胎宝宝的样子

胎宝宝正迅速生长着，到本周末他的体重会增长一倍，大脑、身体及头部将经历重要的发育时期。

🌿初具人的模样

几天时间内已经长成一个 12 ～ 15 毫米长、4 克重的"小豆子"了，虽然现在胎宝宝还不大好看，但已经初步具备了人的模样。他的手指微微相连，脚趾清晰可见，牙齿和口腔内部结构正在成型，耳朵也在继续发育，眼睑已经发育，能遮住一部分眼睛了；他的腭部也开始发育，不过要到第 10 周才会发育完整。

🌿大脑迅速发育

胎宝宝的头有些不成比例的大，头内部的两个大脑半球正在发育，平均每分钟就有 10 000 个神经细胞产生，大脑皮质清晰可见，现在的神经系统轮廓已接近完成，大脑皮质也已经清晰可见。

🌿心脏开始规律地跳动

胎宝宝的心脏已经划分成左心房和右心室，并开始有规律地跳动，每分钟大约跳 150 下，开始有血液在胎宝宝的体内循环。胎宝宝的两肺、肠、肝、两肾以及内生殖器官都已经开始发育，但均尚未完全形成。

在胎宝宝腭部发育期间，如果准妈妈的心情不好，就有可能使唇、腭裂的风险增加，准妈妈一定要注意保持甜蜜宁静的心绪，多感受一下生活的快乐和家庭的温暖哦。

Day
44

✔ 胎教新知

准妈妈如何应对情绪变化

俗话说"一孕傻三年"，这话虽然并不科学，但怀孕过程中有许多情绪变化是不受意识控制的，是生命的本能，是激素变化引起的反应。

孕激素从哪里来

正常妊娠的维持有赖于垂体、卵巢和胎盘分泌的各种激素相互配合，在受精与着床之前，在垂体促性腺激素的控制下，卵巢黄体分泌大量的孕激素与雌激素，导致子宫内膜发生分泌期的变化，以适应妊娠的需要。

胎盘形成后，胎盘成为妊娠期一个重要的内分泌器官，大量分泌蛋白质激素、肽类激素和类固醇激素，确保妊娠顺利进行。

孕激素怎样影响妈妈

怀孕期间准妈妈体内激素水平显著变化，影响大脑中调节情绪的神经递质的变化，从而影响到准妈妈的情绪，激素水平的变化将使准妈妈比以往更容易感觉焦虑，这样的情绪波动可能是无法避免的。

不要试图去调整体内的激素含量，激素水平变化是身体的需要，并非坏事，但准妈妈可以尝试用更多方式去充实自己，转移情绪的着力点。

1.向准爸爸说出自己现在的感受，即便是难受的，但说出来后真的会好很多。

2.试着做些一直憧憬着要做的事情，比如美化卧室和客厅，去瑜伽班练一堂课等。

3.和亲友散步、看电影，或者睡上一觉。

情绪问题重在自我调节，学会通过倾诉、沟通等多种方式将不好的情绪宣泄出去，就能让胎宝宝每天都能感受到准妈妈的好心情哦。

巧吃鱼，宝宝更聪明

鱼是一种益智食物，常吃能增强智力、记忆力和思维能力，准妈妈多吃鱼还有利于胎宝宝的神经系统发育，怀孕足月的可能性越大，宝宝出生后会更健康，更聪明。

每周吃 1 ～ 2 次鱼

准妈妈可以在每周的餐单上安排 1 ～ 2 次的鱼肉大餐，不过吃鱼也不是越多越好，长期过量吃鱼反而会影响胎宝宝智力发育，每周不宜超过 3 次。

一些鱼类，包括人工饲养的鳟鱼、鲶鱼、太平洋三文鱼、黄鱼等都比较适合准妈妈吃，另外在烹调的时候尽量采用水煮的方式，清淡饮食比较好，豆腐煮鱼是一种很好的搭配方式，可使豆腐和鱼两种高蛋白食物得以互补。

这些鱼准妈妈不要吃

1.出现腐败迹象的鱼类。鱼腐败后会分解形成大量组胺，诱发强烈的变态反应，对准妈妈构成危险。

一般来说，鲜鱼体表具有固有的色泽和光泽，鱼鳞完整或稍有花鳞，紧贴鱼体，不易脱落，眼球饱满，角膜亮而透明，肌肉结实而富有弹性。

2.咸鱼。咸鱼含有大量二甲基亚硝酸盐，进入体内可以转化成致癌性很强的二甲基亚硝胺，增加胎宝宝出生后的患癌危险。

3.鲨鱼、鲭鱼、旗鱼及方头鱼。因为这四种鱼的汞含量高，可能会影响胎宝宝大脑的生长发育。

4.鱼油。准妈妈最好不要吃鱼油，因为鱼油会影响凝血功能，准妈妈吃多了可能会增加出血概率。

白蝴蝶

〔日〕新美南吉

在街道的拐角处，一个老爷爷在卖气球，有红的、蓝的、绿的、黄的……它们脸儿贴着脸儿，随着风自由地飘动，别提多高兴啦。

有一只白色的蝴蝶，每天都飞到这里来，跟气球们在一起玩，这束气球里有个很小的红气球，白蝴蝶跟它最好啦！

有一天，一个背着娃娃的阿姨过来了，阿姨用一分钱买走了那个红气球。在走的时候，红气球说："再见啦，蝴蝶！"可是，白蝴蝶说："不，我们是朋友，我要跟你走！"

白蝴蝶努力地扇动着翅膀，跟在红气球的后边。那个背娃娃的阿姨穿过一条林荫道，朝着公园走去，红气球被一根细线牵着，跟在她背后，在红气球的后边，又跟着白蝴蝶。

阿姨在公园的长椅子上坐下来，唱起哄娃娃睡觉的催眠曲：

噢——噢——乖宝宝睡觉喽——

噢——噢——乖宝宝睡觉喽——

还没等小娃娃睡呢，阿姨自己倒先"呼呼"地睡着了。白蝴蝶不放心地问红气球："这以后，你要到什么地方去呢？"红气球说："这个，我也不知道。"

这个时候，阿姨不知不觉地松开了手，细线滑了出去，红气球开始飘向天空。白蝴蝶也跟着红气球，向天空飞去。

"我不知道会飞到哪里去，蝴蝶，你快回家去吧……"红气球焦急地说。"不，你去哪我就去哪！"白蝴蝶说。

红气球越飞越高，白蝴蝶也越飞越高，往下看去，城市变小了，房子跟玩具积木似的。"好蝴蝶，我还不知道会飞到哪儿去呢，别再跟着我了！"红气球恳求道。

可是，白蝴蝶还是扇动着翅膀，跟着它走，不一会儿，红气球和白蝴蝶就都飞到很高很远的蓝天上去，一点儿也看不见了。

猜猜准妈妈有什么需求

老婆怀孕了，我能做点啥？

不知道准爸爸有没有想过这个问题，但从准妈妈的角度上来说，是特别希望老公能对自己又了解又贴心的。如果不用准妈妈张口，准爸爸就能满足她的需求，那她一定会非常愉悦。

哪些细节是准妈妈最常需要的

1.端水递药。这类举手之劳的小事，很多准爸爸们常常嗤之以鼻。实际上越是琐碎的小事，越是容易打动准妈妈的心。孕期频繁喝水、上厕所，服用叶酸、钙、铁等都很常见，建议准爸爸们养成习惯，及时为准妈妈奉上水、扶一把、递个药。

2.修剪指甲。这个可以定期做，尤其是到了怀孕后期，行动不便，准妈妈可能自己都想不起来要修剪指甲。准爸爸养成定期给她修剪的习惯，就再也不担心忘记了。

3.洗衣服、晒衣服、收衣服。这些都是体力活，一个人做也容易疲倦、乏累，准爸爸有机会就要上去搭把手，如果换下的衣服能及时洗掉，那就再好不过了。

4.陪伴在侧。受孕激素影响，准妈妈的情绪很可能变得难以捉摸，甚至喜怒无常，尤其是在她自己感觉不愉快的时候，转头却发现准爸爸在一旁打游戏、"刷"手机、看球赛，那么准妈妈的情绪很可能要爆发一场，所以准爸爸需要自觉一点，不要总顾着自己开心，让准妈妈一人发呆。陪伴的时候说说话、看看书，和胎宝宝互动互动就更好了，有时候只是陪伴着一起发呆，可能都会让准妈妈感觉很愉悦哦。

文房四宝

书法，是文字所有的艺术形式之一，中国书法是中国汉字特有的一种传统艺术。书法用具，主要是笔、墨、纸、砚，通常称"文房四宝"。

🌿笔

笔指的是毛笔，唐代至宋代，安徽宣州的紫毫笔是无上佳品，明清时期至今，以浙江湖州善琏镇所产的湖笔最为著名。

🌿墨

墨是很古老的书写原料，常见的有油烟墨、漆烟墨、松烟墨，好的墨分别以桐油、生漆、松枝所烧的烟炱，加黄明胶和麝香、冰片等制成。

🌿造纸术

造纸术是我国古代四大发明之一。从汉始我国古人就以桑皮造纸，到了唐代，造纸业已经非常发达，造纸的原料也不仅限于桑皮，出现了以竹、麦草等为原料的纸。宣州出宣纸，临川出薄滑纸，扬州出六合笺，广州出竹笺等，都是上等品。

🌿砚

砚，在西汉时期即已有了专门的称谓，湖北荆州凤凰山西汉墓出土了砚。我国传统有四大砚，即端砚、歙（shè）砚、洮（táo）砚、澄泥砚。

Day

49

名画欣赏

洗澡

这是美国女画家玛丽·卡萨特的作品，描绘了母亲给孩子洗澡的生活情节。画面中，孩子把脚踏入盆中，母亲正轻轻替孩子洗脚，充满了温柔和爱意。相信看到画面时，准妈妈也会有感于这对母女之间洋溢着的浓浓爱意，对于母爱，准妈妈一定会有更深刻的共鸣。

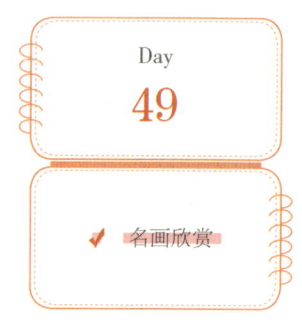

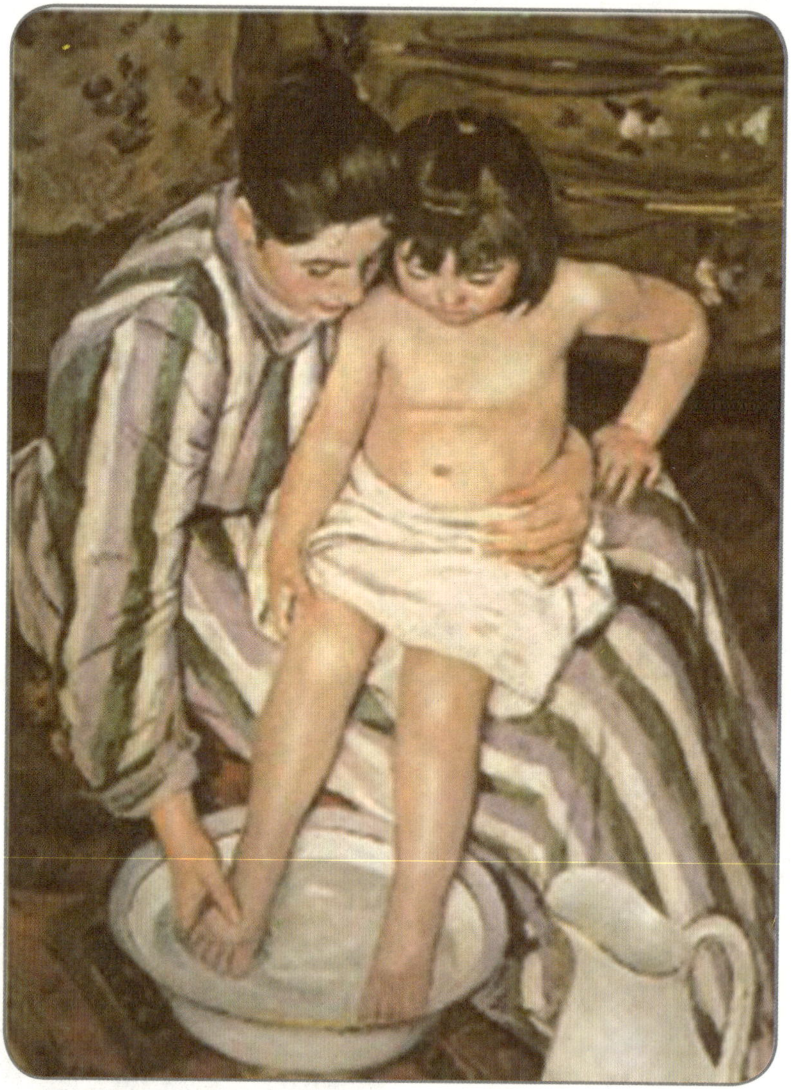

胎宝宝的样子

生命总是充满了各种让人意想不到的奇妙力量，虽然胎宝宝还只有 14 ~ 20 毫米大，但他的面部特征已经显现，已经是一个精致的超级迷你宝宝了。

🌿形成最初的神经线路

胎宝宝发育非常迅速，每天头臀长就可以增加 1 毫米，这个速度将持续到第 20 周左右。这几天里，胎宝宝的身长将有 14 ~ 20 毫米。别看他小，胎宝宝的大脑和心脏已经发育得非常复杂，脑干已经可以辨认，大脑中的神经细胞也开始扩展并相互连接，构成最初的神经线路。身体内脏的大部分器官也在持续地发育中，呼吸道从喉部延伸到正在发育的肺部的分支，内耳也正在形成。因此，这期间要注意避免有太大的响声和声音，以免吓着他哦。

🌿面部特征已比较明显

胎宝宝的眼睑发育完全，几乎可以盖住眼睛。两眼位于头部两侧，而不是正前方，因此两眼间的距离还很大。能辨认出鼻尖，两个鼻孔已形成，两侧颌骨联合起来形成了口腔，已经有了舌头，牙和腭也正在发育，面部特征已经很明显。宝宝的手指和脚趾长得更长，胳膊也变长了，手可以在手腕的地方弯曲活动，随着躯干的伸展，胎宝宝的头部更加直立，已经越来越像一个小人儿了。

准妈妈的妊娠反应也许会越来越严重，随身准备一块手帕，撒上几滴喜欢的味道的香水，如百合香、玫瑰香等，对准妈妈不喜欢的气味引起的呕吐有很好的预防作用。

Day
51

✔ 准爸爸互动

给胎宝宝起名字

准妈妈和准爸爸每天都需要和胎宝宝沟通，所以给胎宝宝取一个有爱的名字很有必要哦，怀孕期间可以先起个小名，正式的名字待出生后办理出生证的时候再确定也不迟。

🍃 叫着胎宝宝的名字与他沟通时

1.给胎宝宝起个有爱的小名对更好地进行胎教有帮助。试想一下，当自己叫着他的名字开始讲故事时，是否更有参与感一些呢？

2.在胎儿期时如能多呼唤胎宝宝的名字，每次交流前都用小名轻声而充满爱意地跟他打个招呼，那么胎宝宝出生后，再次听到同样的呼唤会感到熟悉和亲切，在新环境中不会感到紧张和不安，这对促进胎宝宝日后语言和智力的发展很有意义，同时也丰富了胎宝宝的精神世界。

3.名字除了方便分辨和称呼外，还寄托了父母对胎宝宝的希冀和爱意，让胎宝宝更显得独一无二，也是父母给胎宝宝的一份礼物。

🍃 如何取名字

给胎宝宝起的小名应响亮一些，可以用叠音，这样叫起来顺口，容易听，也容易记住，比如皮皮、球球、丁丁、咚咚、嘟嘟等，还可以用食物的名词，比如小黄豆、小土豆、小洋葱、小油菜等，俏皮又可爱，而且男孩、女孩都可以通用。

如果打算给宝宝起个英文名，可以与中文名相互呼应，发音接近，如果还能有美好的含义就更好了，比如 Grace（优雅）、Sunny（阳光）等。

爱之梦

音乐是无国界的语言，一首美好的乐曲，带给你的不只是片刻的放松，更是一次心灵的升华。

《爱之梦》是钢琴之王李斯特最为著名的钢琴曲，歌词由德国诗人弗莱里格拉特所写，原名为《尽情地爱》，大意是：

爱吧！

能爱多久，愿意爱多久就爱多久吧！

你守在墓前哀悼的时刻快要来到了。

你的心总是保持炽烈，保持眷恋，只要还有一颗心对你回报温暖。

只要有人对你披露真诚，你就尽你所能让他时时快乐……

音乐一开始，旋律深情而婉转，很容易深深地打动人们的心，这凸显了乐曲甜美的爱情主题，其中含有爱的柔情和愉悦。

随着情绪的增长，难以抑制的爱的热情终于爆发出来，原来含情脉脉的内心独白，发展成大胆而炽热的爱情倾诉，散发着火一般的热情，旋律移到高音区。

音乐渐渐达到高潮，最后又回到开始时的那种抒情境界，重复爱的主题，在梦一般美丽的感觉中，恋恋不舍地结束全曲。

丰满的和声，优美如歌的旋律，表达了对纯真爱情执着的追求，使这首钢琴曲成为一支令人难忘的"情歌"。

Day
53

✓ 趣味艺术

手指画

手指画简单易学，特别容易上手，不用学复杂的绘画技法，所需要的工具和材料都非常简单——专用手指画颜料，加上纸和笔，最好配上工作罩衫和袖套就行了！

🍃 准备材料

专用手指画颜料（在各大网上商城和儿童玩具店可以买到）、纸、笔。

🍃 漫画人物手指画技法

1. 手指沾上喜欢的颜色，在纸上按下手指印。

2. 用笔在手指印上勾勒出各种人物表情。

🍃 可爱小动物手指画技法

1. 用同样的方法在纸上按下手指印。

2. 发挥想象力，用笔在手指印上画出各种可爱小动物形象。

鲜艳的色彩能有效激发准妈妈和胎宝宝的积极情绪，手指画的艺术效果会让准妈妈充满成就感，有助于建立胎宝宝自信与乐观的天性。

Day
54

✓ 胎教新知

孕吐

呕吐的滋味不好受，准妈妈可能还会因此感到害怕、担忧。其实，如果准妈妈遭遇了孕吐，这并不是一件坏事，这是准妈妈幸福孕期生活开始的信号。

🌱饮食上怎样应对

还没有方法能从根本上阻止孕吐，但是在饮食上做一点小小的调整会起到一定的改善作用。

1.少食多餐。将一日三餐改为每天吃上5～6次，每次少吃一点，或者每隔2～3个小时就吃点东西，随手准备少量、多品种的食品，避免空腹。

2.多喝点水。大量的水除了可帮助代谢，还会降低血液中激素的浓度，以减轻身体的不适。

3.吃生姜。生姜可以帮助有些准妈妈缓解孕吐症状，姜茶（事先征询医生的意见）或者干姜片是最常见的食用方法。

4.吃苏打饼干。孕吐在早上最厉害，起床前，先吃上几片苏打饼干或馒头干，休息20～30分钟再起床，可有效缓解晨吐。

消除致畸幻想

怀孕的第 2 个月，正是胎宝宝各器官进行分化的关键时期，准妈妈除了要保证营养均衡以外，还要善于调节自己的情绪，消除致畸幻想。

许多准妈妈都会忧虑胎宝宝的健康问题，比如发育得是否健康，器官是否健全，是否有比较严重的疾病，等等，内心无比忧虑。这是典型的"致畸幻想"的表现。

其实造成胎宝宝畸形的原因主要有两种，一种是遗传基因缺陷导致胎宝宝畸形，近亲婚配或有家族遗传性疾病者最易发生此类问题；另一种是非遗传性基因缺陷导致胎宝宝畸形，往往是由于准妈妈在怀孕期间对致畸因素忽视所致。常见的致畸因素包括微生物（如病毒）、药物和某些化学制剂、某些金属和放射性物质等。

所以，如果准妈妈在孕前都进行了优生咨询和体检，确认没有致畸因素的威胁，完全没有必要担心胎宝宝的健康问题。

没有进行孕前检查的准妈妈，孕期也可以去医院做相关的咨询，有利于排解忧虑。

嗜酸怎么吃

多数准妈妈孕早期都爱吃酸味食物，酸味能刺激胃分泌胃液，有利于食物的消化与吸收，从营养方面来说，准妈妈吃酸味食物对自己和胎宝宝的发育都有好处。

准妈妈嗜酸的原因

怀孕后胎盘分泌出的人绒毛膜促性腺激素会抑制胃酸分泌，使消化酶活性降低，影响胃肠的消化吸收功能，使准妈妈食欲下降、恶心、呕吐。而酸味能刺激胃液的分泌，提高消化酶的活性，促进胃肠蠕动，增加食欲。

对身体有益的酸味食物

准妈妈最合适选用一些带酸味的新鲜瓜果，如番茄、青苹果、橘子、草莓、葡萄、酸枣、话梅等，这类食物含有丰富的维生素C，既能满足嗜酸的需要，又能增强母体的抵抗力。

也可在食物中放少量的醋、番茄酱，增加一些酸味。

另外，酸奶富含钙、优质蛋白质、多种维生素，也适合准妈妈食用。

对身体有害的酸味食物

准妈妈一定要少吃人工腌制的酸菜或者醋制品，腌菜中的致癌物质亚硝酸盐含量较高，过多地食用对准妈妈和胎宝宝的健康无益。

第3个月

真正像个小人儿

胎宝宝的样子

进入孕9周，准妈妈腹中的胎宝宝正式成为真正意义上的小宝宝了，而之前他其实应叫作胚胎。现在胎宝宝的生长速度仍然很快，一起来看看他这周的进步吧。

🌿褪去小尾巴，初具人形

此时胎宝宝头臀长22～30毫米，身体的基本结构已经形成，胚胎期的"尾巴"现在已经彻底消失。四肢渐渐清晰，可以看见小肩膀了，手臂更加长了，臂弯处肘部已经形成，手指和脚趾基本发育完毕，手部在手腕处有弯曲，两脚开始摆脱蹼状的外表，可以看到脚踝，五官也发育得比较完善，已经"人模人样"了。

🌿味蕾正在发育

胎宝宝的所有器官、肌肉、神经都已经开始工作，所有牙齿的牙胚都各就各位。味蕾正在发育。不久的将来，他就能品尝到羊水的味道了。胎宝宝的皮肤是半透明的，可以从外部看到皮下血管和内脏。汗腺开始发育，有少量的绒毛长出。

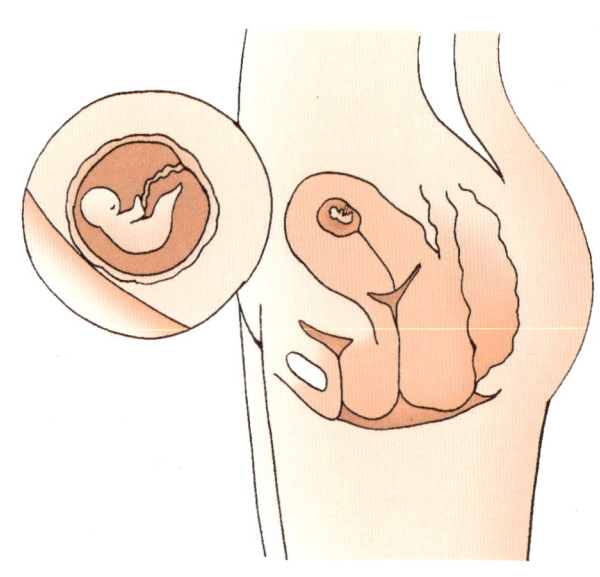

Day
58

✔ 欢乐 ABC

If You're Happy
（如果感到快乐）

唱一首好听又好唱、活泼又温暖的英文儿歌给胎宝宝听吧，一起来感受快乐和幸福！

If you're happy,happy,happy,

如果感到快乐，快乐，快乐

Clap your hands.

你就拍拍手。

If you're happy,happy,happy,

如果感到快乐，快乐，快乐

Clap your hands.

你就拍拍手。

If you're happy,happy,happy,

如果感到快乐，快乐，快乐

Clap your hands, clap your hands.

你就拍拍手，拍拍手。

If you're happy,happy,happy,

如果感到快乐，快乐，快乐

Clap your hands.

你就拍拍手。

If you're sleepy,sleepy,sleepy,

如果感到困倦，困倦，困倦

Take a nap.

你就小睡一会儿。

If you're sleepy,sleepy,sleepy,

如果感到困倦，困倦，困倦

Take a nap.

你就小睡一会儿。

If you're sleepy,sleepy,sleepy,

如果感到困倦，困倦，困倦

Take a nap, take a nap.

你就小睡一会儿，小睡一会儿。

If you're sleepy,sleepy,sleepy,

如果感到困倦，困倦，困倦

Take a nap.

你就小睡一会儿。

Day

59

✓ 趣味艺术

树叶书签

在漫步林荫小道时，准妈妈可以随手捡起几片树叶去做植物标本书签，这样，不但可以留下一点秋天的印记，还可以在胎宝宝出生以后教他认识各种各样的植物哦。

制作方法

用餐巾纸把树叶的水分吸干后夹在字典或书中就可以了。

如果树叶比较潮湿，可以在叶片上下垫上吸水纸后，再夹入字典或书中。

整理好的树叶也可存放在通风干燥处自然风干。

将干燥的树叶标本拼成各种各样的图案后塑封好就是一份漂亮的礼物，相信胎宝宝将来一定会很喜欢。

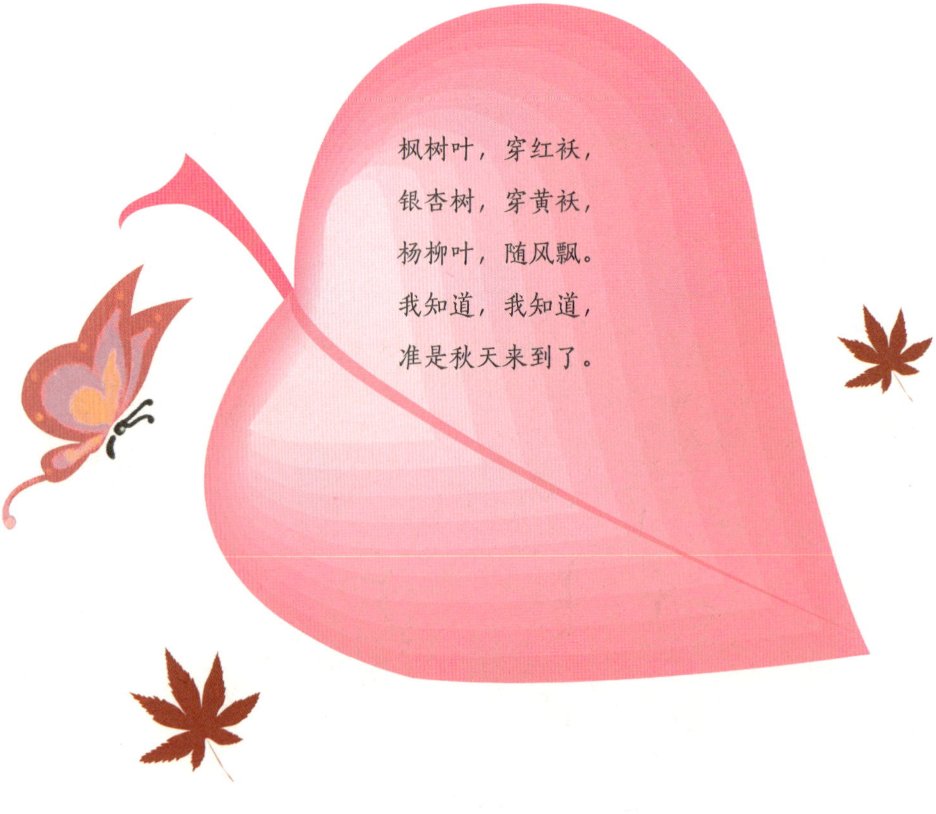
枫树叶，穿红袄，
银杏树，穿黄袄，
杨柳叶，随风飘。
我知道，我知道，
准是秋天来到了。

爱因斯坦的镜子

　　爱因斯坦小时候是个十分贪玩的孩子，常常和一群顽皮的孩子到处玩耍。他的母亲常常为此忧心忡忡，母亲的再三告诫对他来讲如同耳边风。直到一天上午，父亲将正要去河边钓鱼的爱因斯坦拦住，并给他讲了一个故事。正是这个故事改变了爱因斯坦的一生。

　　"昨天，"爱因斯坦父亲说，"我和咱们的邻居杰克大叔去清扫南边工厂的一个大烟囱。那烟囱只有踩着里边的钢筋踏梯才能上去。你杰克大叔在前面，我在后面。我们抓着扶手，一阶一阶地终于爬上去了。下来时，你杰克大叔依旧走在前面，我还是跟在他的后面。后来，钻出烟囱，我发现了一个奇怪的事情：你杰克大叔的后背、脸上全都被烟囱里的烟灰蹭黑了，而我身上竟连一点烟灰都没有。"

　　爱因斯坦的父亲继续微笑着说："我看见你杰克大叔的模样，心想我必定和他一样，脸脏得像个小丑，于是我就到附近的小河里去洗了又洗。而你杰克大叔呢，他看见我钻出烟囱时干干净净的，就以为他也和我一样干净呢，于是就只草草洗了洗手就大模大样上街了。结果，街上的人都笑痛了肚子，还以为你杰克大叔是个疯子呢。"

　　爱因斯坦听罢，忍不住和父亲一起大笑起来。父亲笑完了，郑重地对他说："其实，别人谁也不能做你的镜子，只有自己才是自己的镜子。拿别人做镜子，白痴或许会把自己照成天才的。"爱因斯坦听了，顿时满脸愧色。

　　爱因斯坦从此改掉了贪玩的坏习惯。他时时用自己做镜子来审视和映照自己，终于映照出了他生命的熠熠光辉。

Day
61

准爸爸互动

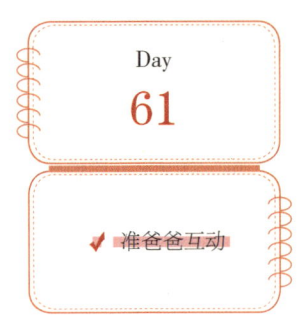

猜谜游戏

猜谜语是孩子们热衷的小游戏。一些谜语的谜面就是一首童谣，妙趣横生，一定勾出了准爸爸很多的美好回忆吧。来和准妈妈猜一猜，也讲给胎宝宝听一听，让共同的回忆更加五彩缤纷。

打一食物

①
一物生得真奇怪，
腰里长出胡子来，
拔掉胡子剥开看，
露出牙齿一排排。

②
小小金坛子，
装着金饺子，
吃掉金饺子，
吐出白珠子。

打一动物

③
小小虫儿很勤劳，
它本领真不小，
会把粮食搬，
还会打地道。

④
小小姑娘黑又黑，
秋天走了春天回，
带着一把小剪刀，
半天空里飞呀飞。

① 玉米 ② 橘子

③蚂蚁 ④ 燕子

Day

62

名画欣赏

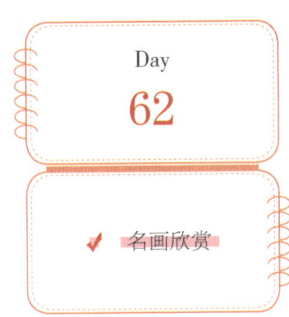

婴戏图

还有什么比描绘天真烂漫的孩子嬉戏更能表现日常生活的欢欣与安宁？在清代焦秉贞的国画《婴戏图》中，我们能够看到儿童游乐的可爱场景。那时孩童的幸福度，似是不输今天呢！

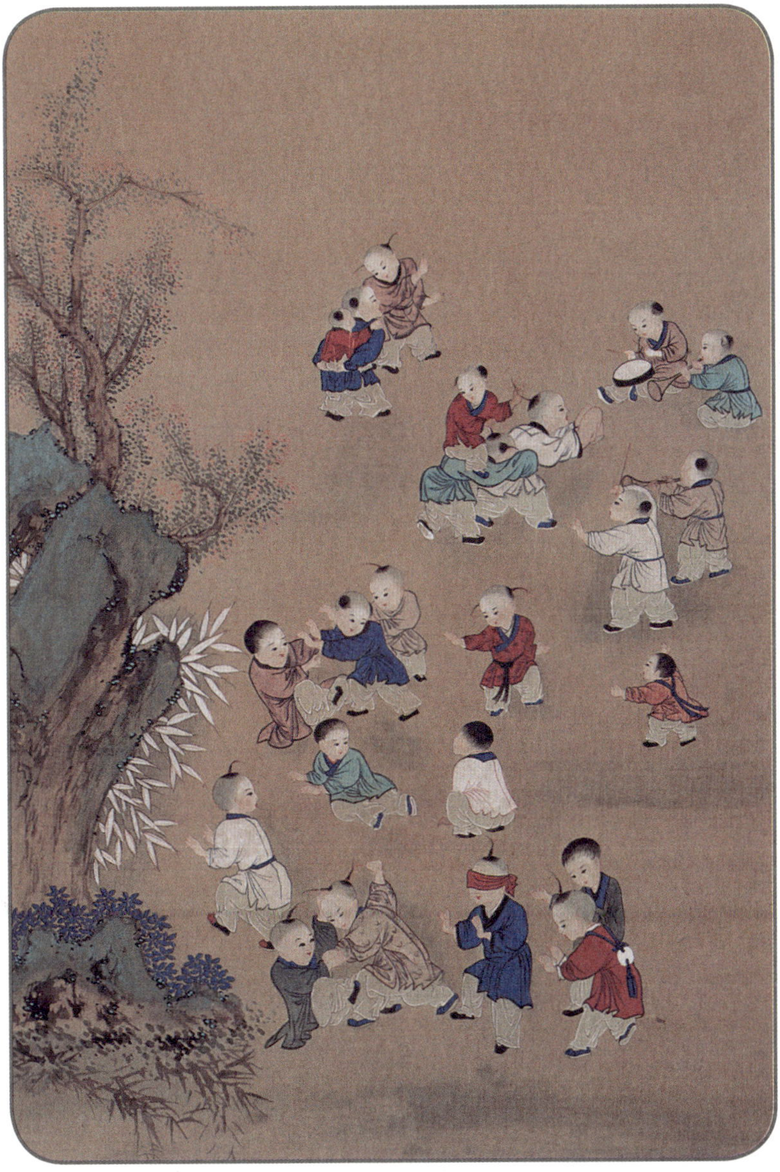

童真稚语

宝宝的小脑袋里总是充满了各种奇思妙想，不知什么时候冒出一句，就能让你乐得前仰后合。准爸爸和准妈妈来提前体会一下吧！

都是我们家的吗？

当我怀第四胎时，邻居家的母狗也将临产。心想现在也许是解释小孩是怎么来到世界上的最好时机，于是我带着3个儿子去观看母狗生产，几个月以后，我分娩了，丈夫带领儿子们来医院看他们的小弟弟。

当我们都站在育儿室窗前向内看时，3岁的儿子问我："这些全是我们家的吗？"

组装

妈妈怀孕了，4岁的玛丽百思不得其解，她问爸爸未来的弟弟或者妹妹是如何生出来的。爸爸向她解释道："先生出头，再生出身子，最后是两条腿，懂了吗？"

"懂了，爸爸，然后你用螺丝把它们组装起来，对吗？"

爱哭的小弟弟

"为什么你的小弟弟总是整天哭个不停？"一个小朋友问另一个小朋友。

"这有什么奇怪的呢，要是你也没有牙齿，没有头发，又不会走路，不会讲话，连大小便都要人家帮忙，你也会整天哭个不停的。"

就生了我一个

这是一次宠物食品的电话市场调查，接电话的是一个小孩。

市调员："小朋友，你家里有没有养小狗、小猫、小兔子，或是小鸟？"

小孩："没有，我妈就生了我一个！"

胎宝宝的样子

胎宝宝已经从一颗葡萄大小长成一个扁豆荚大小了！他已经完成了发育中最关键的部分，来看看这一周他又带来怎样的成长惊喜吧。

扁豆荚大小的胎宝宝

现在的胎宝宝头臀长有 3 ~ 4.2 厘米，重约 10 克，头部仍然占到全身的 1/2 左右，看上去像个扁豆荚。胎宝宝的四肢和身体更有形状，四肢越来越清晰，关节形成，手臂更长，在肘部变得更弯曲，手指和脚趾也长了一点，而且对手指、脚趾有保护作用的指甲和趾甲开始生长，并开始吞咽羊水和踢腿了。

牙蕾已经开始形成

胎宝宝的面部基本发育完全，眼睛、鼻子、嘴等都已各归其位，现在他的眼皮还粘合在一起，眼皮睁开可能需要等到第 24 周之后，他的 20 个微小的牙蕾已经开始形成，但在 20 周左右才会长出乳牙的牙尖。

大脑正在迅速发育

进入本周前，胎宝宝的大脑就已经形成，现在，他的大脑发育非常迅速，从这个月起，胎宝宝的脑细胞会进入迅速增殖的阶段，主要是脑细胞体积增大和神经纤维增长，脑重量会因此不断增加。现在，胎宝宝的神经系统也开始工作了，脊椎神经也开始从脊髓中伸展出来，胎宝宝的反应将越来越灵敏。

为了胎宝宝的安全，现在准妈妈还不适合做剧烈的运动，散步和简单的手部、脚部活动动作还是准妈妈的好选择。

孕期体重增长

体重是怀孕期间监测身体健康情况的重要方式，不过这并不是说一旦体重没有达到某个标准值就代表出问题了，许多准妈妈困惑于体重增速问题，那么孕期体重增长规律是怎样的呢？

孕期体重增长幅度

无论目前已经增加了多少体重，首先应该认识到怀孕后自己的体重一定会增加，至于增加多少适宜，可以参照中国营养学会 2016 年修订的《中国居民膳食指南》中的建议。

也就是说孕前体重正常的女性，孕期体重增加的适宜值为 12 千克。从孕中期开始，每周体重增加大约为 400 克，头 3 个月，由于早孕反应，准妈妈的体重可能并不会增加多少，当然，假如食欲比较好，也会增加较多。

如果准妈妈怀孕前体重指数偏低，体重在整个孕期应该增加 12.5 ~ 18 千克；

如果准妈妈怀孕前体重指数偏高，孕期体重应该增加 7 ~ 11.5 千克；

如果准妈妈怀的是双胞胎，孕期体重增加应该在 16 ~ 20.5 千克。

体重增长幅度并不是均衡的

在整个孕期，准妈妈的体重增加主要来自这几个部分：

宝宝——约 3.5 千克；

子宫增长——约 1 千克；

胎盘——约 0.5 千克；

乳房增重——约 0.5 千克；

血容量增长——约 1 千克；

体液增加——约 2.5 千克；

脂肪储备——约 2.5 千克。

显然，每个人这些部分的增长是有个体差异的，所以最终增加多少体重谁也不知道，在准妈妈有困惑时，要及时咨询医生。

另外，在每个时期，体重的增长也是不均衡的，有可能平稳增长，也有可能呈阶段性增长，某个时期增长快，某个时期增长慢，但只要总体上在增长，就不必过于担心。

有的准妈妈在孕早期会存在体重暂时下降的情况，这可能是由于食欲不佳或者孕吐引起的，到了孕中期会慢慢回升，这个是正常的。

拾穗者

1857 年，画家米勒 43 岁时，他完成了《拾穗者》。在收割后的田野里，三个贫苦的农妇正在捡拾麦田里散落的麦穗。她们神态疲惫，头顶着盛夏的烈日，在似火的骄阳烧烤着的大地上捡拾散落的麦穗，辛劳的汗水已浸透了她们的粗布衣衫。

画面的背景是堆成小山似的麦垛，主人骑在马上监督农民们干活，丰收的远景和前景的三个农妇形成鲜明的对比。作品问世后产生了惊人的社会反响。有评论家评论道："画里有农民的抗议声""这三个拾穗者如此自命不凡，简直就像三个相同命运的女神"。

米勒是伟大的农民画家，他的艺术被公认是农村生活的庄严史诗。他用画笔和颜色表达了农民对土地的依恋，也揭示了人类围绕土地而争斗的喜悦与悲哀。人们称米勒是"乡巴佬中的但丁""土包子中的米开朗琪罗"。

Day

67

✓ 温情诗歌

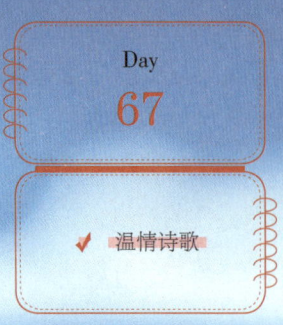

你是人间的四月天

《你是人间的四月天》这首诗是民国时期的著名才女林徽因为儿子的出生而作的。作者写出了心中静静流淌着的母爱，安然而又不掩喜悦之情，将四月的春景比作她心里的那个小天使，字里行间都充溢着爱与希望。

你是人间的四月天

我说你是人间的四月天；
笑响点亮了四面风；
轻灵在春的光艳中交舞着变。

你是四月早天里的云烟，
黄昏吹着风的软，星子在
无意中闪，细雨点洒在花前。

那轻，那娉婷，你是，
鲜妍百花的冠冕你戴着，
你是天真，庄严，
你是夜夜的月圆。

雪化后那篇鹅黄，你像；
新鲜初放芽的绿，你是；
柔嫩喜悦，水光浮动着你梦期待中白莲。

你是一树一树的花开，
是燕在梁间呢喃，
——你是爱，是暖，是希望，
你是人间的四月天！

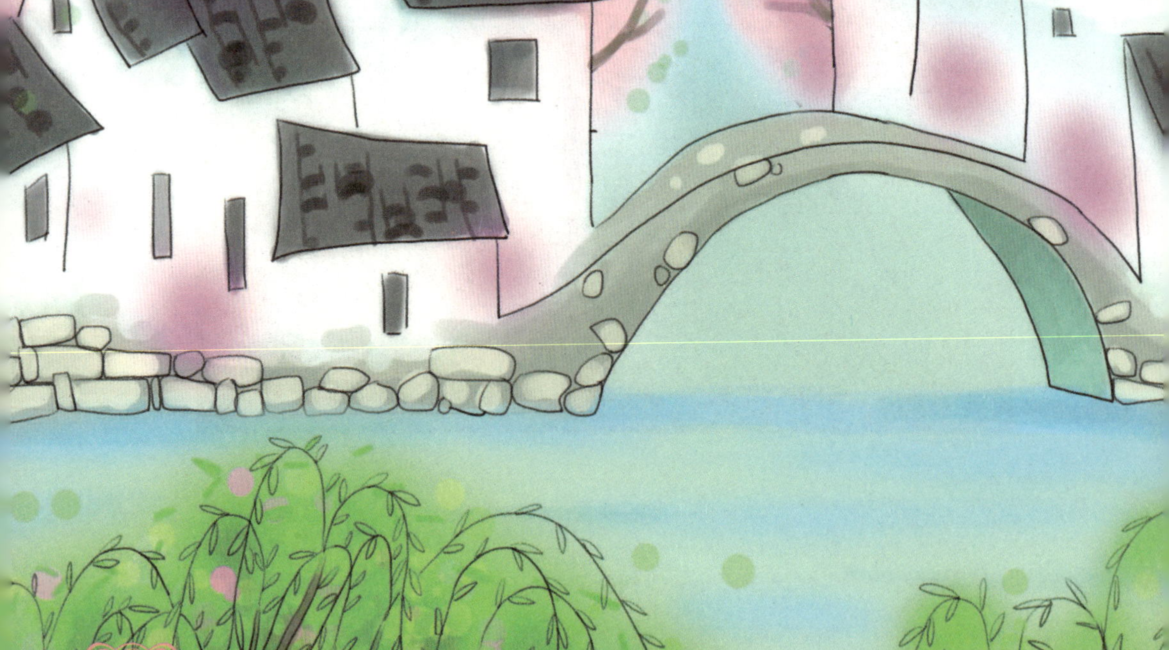

安的种子

《安的种子》是一本颇有禅意的绘本，写的是一个关于等待的故事。

老师傅分给本、静、安每人一颗古老的莲花种子："这是几千年前的莲花种子，非常珍贵，你们去把它种出来吧。"

拿到种子后……

"我要第一个种出来！"本想。

"怎样才能种出来呢？"静想。

"我有一颗种子了。"安想。

…………

最后，只有安成功地种出了千年莲花，虽然安看上去是最不上心的一个，但他又好像一切尽在掌握之中。

看看拿到老师傅的种子以后，三个小和尚的行动：

本想：我要第一个种出莲花。这样的想法，是具有竞争性的。

静去查找了种植莲花的书籍，寻求的是技巧。

安想：我终于有了一颗种子。他和种子之间建立了联系。

其实，三个小和尚是分不出对错的，我们的身上都有本，都有静，也都有安，静待花开，最终我们都希望修炼成安的样子。

家庭《八互歌》

在日常生活中，准爸爸和准妈妈难免会因为性格、思想观念的差异而产生矛盾和摩擦，下面这首《八互歌》，可作为缓和夫妻关系、创造温馨家庭的借鉴。

八互歌

一互敬，多协商。二互爱，情意长。

三互信，莫乱想。四互勉，共向上。

五互助，热心肠。六互让，不逞强。

七互谅，心坦荡。八互慰，暖心房。

合家欢，乐无疆。八互歌，切莫忘。

努力做，认真想。携手进，路宽广。

《八互歌》道出了怎样才能使夫妻和谐、家庭温馨，互敬互爱是共同创造温馨家庭的感情基础。

家庭气氛好不好，其实最主要的还是看双方是否有诚心，要抱着期待、乐意的心态，如果抱着敷衍的态度，做事情不情不愿，那双方都会感到失望，无益于家庭氛围的改善。

飞屋环游记

《飞屋环游记》这部电影里讲述着"梦想"，两个老人一生的美丽梦想。这部电影里还讲述着"牵绊"，是什么让人变得勇敢、坚定、善良、宽容？因为心中有爱，有一份魂牵梦绕的挂念。

你相信爱情吗？

从什么时候开始，我们变得不敢谈论天长地久。

从什么时候开始，我们不再那么信仰爱情……

你是否还怀抱着这样一个梦想：用心去认认真真地经营一场关乎一生的感情？

《飞屋环游记》里小男孩卡尔与假小子艾丽是相伴一生的爱侣，他们有一个梦想，就是有朝一日要去南美洲的"仙境瀑布"探险，但直到艾丽去世，这个梦想也未能实现。

终于有一天，老人卡尔居然用五颜六色的气球拽着他的房子飞上了天空，他决定要去实现他们未曾实现的梦想。

胎宝宝的样子

胎宝宝身体长大的速度还在增加，对营养的摄取会比以前更多，准妈妈一定要记得坚持已经养成的良好饮食习惯哦。

🍃忙着踢腿和伸展的胎宝宝

胎宝宝在这一周头臀长约有 4.5 ~ 6.3 厘米，体重达到 7 ~ 10 克，胎宝宝的增长速度增快，现在相当于你的手掌一半，头部还是占据着身体的一半大小，在还没有睁开的小眼睛里，虹膜正在开始发育。随着他身体的成长发育，胎宝宝的动作会变得更多、更有力，高兴的时候，他会踢腿和伸展四肢了，只是现在的这些动作还很轻微，准妈妈还感觉不到。

🍃在羊水中练习原始行走

准妈妈子宫中的羊水量越来越充足，胎宝宝现在在羊水中就如同一条优雅的小鱼，"啪嗒啪嗒"地活动手脚，还会有两脚交替向前走的动作，这就是原始行走，是为出生后的行走进行练习。

🍃骨骼开始变硬

胎宝宝的肢体在不断加长，脊神经开始生长，准妈妈现在可以清晰地看到胎宝宝脊柱的轮廓。同时骨骼细胞发育加快，骨骼也开始变硬，在接下来的 7 个月中，胎宝宝的主要任务就是让自己长得又结实又健康，为出生做准备。

准妈妈需要注重饮食中钙元素的摄取，鱼类、海带、紫菜、鸡蛋、豆制品等食物中都含有丰富的钙质，可以帮助胎宝宝的骨骼发育。

坚果餐——核桃酪

胎宝宝的头发正在生长中，虽然现在头发的质地还没有到确定的时候，但是充足的营养可以为日后头发的健康打下良好的基础，坚果便是很好的健发食物。

适当吃一些核桃等坚果

锌缺乏会使头发易分叉、脱落，核桃含有丰富的锌，腰果、杏仁也含有丰富的锌，所以坚果是保持头发健康的有益食物，适当吃一些坚果可以令头发更乌黑浓密，更有光泽。

吃坚果应适量

坚果中的脂肪含量一般都非常高，吃得过多会造成身体发胖，进而影响血糖、血脂和血压，因此准妈妈吃坚果一定要记得控制量，核桃每天吃 1 ～ 2 个就可以了，若用来炒菜，则可适当减少用油量，其他坚果也是如此。

健发美食——核桃酪

原料：核桃 200 克，江米 100 克。

调料：白糖、水淀粉、花生油各适量。

做法：

1.核桃泡软，用竹签挑去里面的膜，洗净；江米淘洗干净，浸泡 2 小时。

2.炒锅置火上，放入适量花生油烧热，下核桃炸酥，捞出放凉后和泡好的江米一起加水磨成浆。

3.炒锅置火上，放入适量清水和白糖烧沸，撇去浮沫，倒入江米核桃浆搅开，烧沸后撇去浮沫，用水淀粉勾薄芡即成。

皮影戏

皮影戏也叫"影子戏"或"灯影戏"，是一种用灯光照射兽皮或纸板做成的人物剪影以表演故事的民间戏剧。作为中国汉族民间的一门古老传统艺术，千百年来，皮影戏给祖祖辈辈带去了许多欢乐。

皮影戏的传说

相传两千多年前，汉武帝爱妃李夫人染疾故去了，汉武帝思念心切，神情恍惚，终日不理朝政。大臣李少翁一日出门，路遇孩童手拿布娃娃玩耍，影子倒映于地栩栩如生。李少翁心中一动，用棉帛裁成李夫人影像，涂上色彩，并在手脚处装上木杆。入夜，围方帷，张灯烛，恭请汉武帝端坐帐中观看。汉武帝看罢龙颜大悦，就此爱不释手。

皮影戏的形式

皮影戏里不仅有生动鲜活的精彩故事，它还是一种地道的手工艺品，艺人们将各种图谱描绘在兽皮或纸板上，再用各种刀具刻凿后涂抹上颜色，非常有欣赏价值。

皮影受到人们的广泛喜爱还与它无拘无束的形式有关，皮影道具小，演出方便，且不受场地限制，人们会亲切地称它为"一担挑"艺术，不需要特别训练，演出道具也不多。

不过，现在这项表演艺术却因为制作和表演艺人的老去面临失传的危险，所以，不妨和胎宝宝一起认识一下皮影戏吧，让这珍贵的传统艺术可以一直被人欣赏，从而得以延续。假如喜欢，准妈妈也可去市场上买两三个皮影人物，和亲朋好友一起试试看哦。

月光

　　德彪西的钢琴小曲《月光》，它以轻盈的乐音描绘出这样一幅静寂怡人的意境——在空中浮动的融融月光，辐射到夜晚的每个角落，柔和地笼罩了万物。

　　阿希尔－克劳德·德彪西，法国作曲家，音乐评论家。作为印象派音乐的鼻祖，德彪西的音乐作品可称是名副其实的"音画"，可谓是"曲中有画，画中有曲"。

　　曾有一个很有意思的故事，一位老师见到德彪西竟然敢于公然蔑视几百年来的神圣法则——大小调体系，便问他："那么你遵循怎样的法则呢？"德彪西回答说："没有，我高兴怎样就怎样。"可见他音乐创作上的率性。

　　这首《月光》是德彪西从 1890 年开始写作的钢琴组曲《贝加莫组曲》中的一首，直到 1905 年才出版，前后历时 15 年，可见这一组曲的写作经过了相当长时间的推敲。

　　月光是如水的灵物，能净化心灵，在柔美的月夜里，或者在准妈妈想要听音乐的任何时候，闭上眼睛，收听这曲《月光》，细细享受曲子中美丽的月夜景色，感觉每一个音符在心里淌过的暖意。

聪明的小牧童

讲儿童故事是最容易与宝宝沟通的，故事里不仅有人类，还有世界上千千万万的动物和植物，小鸟儿会说话，太阳会笑眯眯，小草会流泪，北风会生气……

今天，给胎宝宝讲个有趣的故事吧。

从前有个小牧童，他在当地非常有名，因为别人无论问什么，他都能给出个聪明的回答，所以声名远扬。

国王听说了这件事，不相信他有这么厉害，便把牧童招进了宫，对他说："如果你能回答我所提出的三个问题，我就认你做我的儿子。"牧童问："是什么问题呢？"

国王说："第一个是，大海里有多少滴水珠？"小牧童回答："我尊敬的陛下，请你下令把世界上所有的河流都堵起来，不让一滴水珠流进大海，一直等我数完它才放水，我将告诉你大海里有多少滴水珠。"

国王又说："第二个问题是，天上有多少星星？"牧童回答："给我一张大白纸。"于是他用笔在上面戳了许多细点，细得几乎看不出来，更无法数清。任何人要盯着看，准会眼花缭乱。随后牧童说："天上的星星跟我这纸上的点儿一样多，请数数吧。"但无人能数得清。

国王只好又问："第三个问题是，永恒有多少秒钟？"牧童回答："在后波美拉尼亚有座钻石山，这座山有两英里（1英里≈1.6千米）高，两英里宽，两英里深；每隔一百年有一只鸟飞来，用它的嘴来啄山，等整个山都被啄掉时，永恒的第一秒就结束了。"

国王说："你像智者一样解答了我的问题，从今以后，你可以住在宫中了，我会像待亲生儿子一样来待你。"**——选自《格林童话》**

诗朗诵《勃朗宁夫人十四行诗：第十二首》

《勃朗宁夫人十四行诗：第十二首》这首自肺腑的情诗感情真挚、十分动人，不仅感动了她的丈夫，也感动了许多期望爱情的人。

勃朗宁夫人十四行诗：第十二首

说真的，就是这为我所夸耀的爱吧，
当它从胸房涌上眉梢，给我加上
一顶皇冠——那一颗巨大的红宝石，
光彩夺目，让人知道它价值连城……
就算我这全部的、最高成就的爱吧，
我也不懂得怎样去爱，要不是你
先立下示范，教给我该怎么办——
当你恳切的目光第一次对上了
我的目光，而爱呼应了爱。很明白，
即使爱，我也不能夸说是我的美德。
是你，把我从一片昏迷的软乏中
抱起，高置上黄金的宝座，靠近在
你的身旁。而我懂得了爱，只因为
紧挨着你——我唯一爱慕的人。

作者伊丽莎白·芭蕾特·勃朗宁，又称勃朗宁夫人或白朗宁夫人，是19世纪英国著名女诗人。

勃朗宁夫人是不幸的，正值花季时不幸落马跌损了脊柱，从此，下肢瘫痪达24年；可她又是幸运的，遇到小她六岁的那个他，这份爱情使她奇迹般地重新站了起来，让她可以凭自己的双脚重新走到阳光下了。

恋爱时的幸福满溢，让勃朗宁夫人写下四十四首爱情十四行诗。

初试啼声

虽然还在孕早期，但准妈妈一定想过很多次，宝宝出生后的第一声啼哭是什么样。

一个新生命的诞生，充满了奇迹。人们迎接一个小生命的第一次啼声的方式也是各有不同。因此，导演吉勒斯·戴·迈斯特独具慧眼，采用了纪录片的形式，带我们走近不同国家、不同生活状态下的女人们，看一看她们是怎样生孩子的。10个珍贵的生育时刻奇妙旅程，呈现在观众眼前的是真情实景，发生在平常人身边的故事。

这部名为《初试啼声》的纪录片告诉我们，无论是处于发达社会，还是相对现代文明而言较为原始的社会状态，我们都应该对生命产生尊重和爱。

看本片后，准妈妈最需要放宽心的是，不要过于担心自己的生产，现在医疗条件发达，在专业医生的指导和帮助下，已经能够做到在宝宝降生时少吃不少苦头哦。

Kiss my baby

Day
78

✓ 胎儿发育

胎宝宝的样子

恭喜！准妈妈和胎宝宝进入了孕早期的最后一周！继续加强营养的同时，准妈妈不妨每天和胎宝宝说说话，一起听听音乐、看看书，一起开心平稳地度过这一周。

身体雏形构造完成

这一周，胎宝宝头臀长 6.5 ~ 8 厘米，体重比上周稍有增加。到本周末，胎宝宝从牙胚到指甲已发育俱全，身体的雏形已经构造完成，基本的器官也都已发育成形，此后受到外界有害刺激而致畸的概率大大降低，准妈妈再也不用那么担心了。

有了更多的反射动作

胎宝宝的神经细胞增殖迅猛，而且神经突触（大脑中的神经线路）正在形成。胎宝宝现在可能已经有了更多的反射动作，如果准妈妈和准爸爸用手轻轻部碰触腹部，胎宝宝就会有手指和脚趾张开、嘴巴开合、四肢舞动等反应，但准妈妈还感觉不到这种细微的变化，可是应该相信，胎宝宝能对爱抚做出反应了。

胎宝宝能排尿了

这一周，胎宝宝所有的内脏器官都已形成并开始工作，肝脏开始制造胆汁，肾脏开始制造尿液等，肾脏制造的尿液开始进入膀胱，进而排泄到羊水里，羊水的成分将因此而改变。

进入孕 12 周，大部分的准妈妈早孕反应减轻，孕吐已经缓解，疲劳、嗜睡也已逐渐消失，准妈妈可能会觉得精力更加充沛，更加有利于进行胎教。

Do-re-mi

这首音符儿歌是著名电影《音乐之声》中的插曲，曲调欢快，准妈妈可以截取电影中女主角教 7 个可爱的小孩学唱这首歌的片段，边学边唱，让胎宝宝一起感受到音乐带来的无穷欢乐。

Do-re-mi

Let's start at the very beginning

让我们从头学起

A very good place to start

这将会变得很容易

When you read you begin with A-B-C

你要读书你就先学 A B C

When you sing you begin with do-re-mi

你要唱歌你就先学 Do Re Mi

Do-re-mi, do-re-mi

Do-re-mi, do-re-mi

The first three notes just happen to be

开头的三个音符正好碰巧是

Do-re-mi, do-re-mi

Do-re-mi, do-re-mi

Do-re-mi-fa-so-la-ti

Do-re-mi-fa-so-la-ti

Let's see if I can make it easy

好的我来教你个小技巧

Doe, a deer, a female deer

Doe, 一头鹿, 一头雌性的鹿

Ray, a drop of golden sun

Ray, 是一线金色的太阳

Me, a name I call myself

Me, 是我称呼自己的名字

Far, a long, long way to run

Far, 是一条要跑的长长的路

Sew, a needle pulling thread

Sew, 是穿针又引线

La, a note to follow Sew

La, 是紧紧跟着 Sew 的音符

Tea, a drink with jam and bread

Tea, 是配着果酱和面包的饮料

That will bring us back to Do (oh-oh-oh)

让我们又回到 Do

Do-re-mi-fa-so-la-ti-do So-do!

Do-re-mi-fa-so-la-ti-do So-do!

平沙落雁

《平沙落雁》的曲调悠扬流畅，通过时隐时现的雁鸣，描写雁群在空际盘旋顾盼的情景。乐曲写平沙无垠，群雁翱翔，盘旋欲落，落而复起，此呼彼应，一派生机的景象，曲调委婉流畅，优美动听。

初弹似鸿雁来宾，极云霄之缥缈，序雁行以和鸣，倏隐倏显，若往若来。其欲落也，回环顾盼，空际盘旋；其将落也。息声斜掠，绕洲三匝，其既落也，此呼彼应，三五成群，飞鸣宿食，得所适情；子母随而雌雄让，亦能品焉。

心随音转，渐入佳境，听着这悠扬的乐曲，心绪平静温和。

面朝大海，春暖花开

从明天起，做一个幸福的人，这是诗人海子留给世人的美好祝愿。

是啊，对我们普通人来说，除了幸福，还有什么是更有价值的呢？

努力让自己幸福，让家人幸福，让孩子幸福，不贪心也不气馁，这样的生活该是多么美好。

面朝大海，春暖花开

从明天起，做一个幸福的人

喂马，劈柴，周游世界

从明天起，关心粮食和蔬菜

我有一所房子，面朝大海，春暖花开

从明天起，和每一个亲人通信

告诉他们我的幸福

那幸福的闪电告诉我的

我将告诉每一个人

给每一条河每一座山取一个温暖的名字

陌生人，我也为你祝福

愿你有一个灿烂的前程

愿你有情人终成眷属

愿你在尘世获得幸福

我只愿面朝大海，春暖花开

Day
82

✓ 准爸爸互动

出去走走

新鲜的空气对人是至关重要的，对于对环境极度敏感的胎宝宝来说，则更是如此。

🌱 大自然是无限美妙的

日月星云、山水花鸟、草木鱼虫、园林田野等，这些都是大自然引人入胜的杰作，在大自然中，人很容易就被感动、被吸引，激荡起对生命的希望，同时，呼吸新鲜空气也有利于胎宝宝的大脑发育，因为大脑需要充足的氧气和丰富的刺激。

🌱 常到林间或草地去走走

早上起床后，如果天气不错，不妨到有树林或者草地的地方去散散步，走一走，感受一下一天中大自然带来的最清新的感觉，呼吸一下新鲜的空气。

在欣赏秀丽的大自然景色的同时，准妈妈可以告诉胎宝宝看到了什么美丽的景色，将内心的感受描述给腹内的胎宝宝。

向日葵

　　《向日葵》不是传统的描绘自然花卉的静物装饰画，而是一幅表现太阳的画，是一首赞美阳光和旺盛生命力的欢乐颂歌，整幅画尤如燃遍画布的火焰，显出画家狂热的生命激情。

童趣古诗

　　孩童从来都是极让人心动的群体，他们的一举一动都趣味十足，让人心生怜爱，那不知道把自己藏起来的采莲孩童，那放学归来趁着好风将风筝送上天的幼童，还有那满山追捕蝴蝶的小子……

池上

（唐）白居易

小娃撑小艇，
偷采白莲回。
不解藏踪迹，
浮萍一道开。

宿新市徐公店

（宋）杨万里

篱落疏疏一径深，
树头花落未成阴。
儿童急走追黄蝶，
飞入菜花无处寻。

村居

（清）高鼎

草长莺飞二月天，
拂堤杨柳醉春烟。
儿童散学归来早，
忙趁东风放纸鸢（yuān）。

第4个月

很需要陪伴

Day
85

✓ 胎儿发育

胎宝宝的样子

从这周开始，准妈妈正式进入孕中期。胎宝宝的大部分关键性发育都已经完成，进入全面快速发育的时期，准妈妈应注意均衡饮食，保证充足的蛋白质、多种维生素、钙、铁等营养素的供给，促进胎宝宝的健康成长。

胎宝宝身体在全面快速发育

胎宝宝现在头臀长有9～10厘米，差不多相当于一只大虾的大小，重量大约28克，正在全面迅速地发育。他的骨骼发育明显，神经细胞迅速地增多，神经突触形成，条件反射能力加强，手指开始能与手掌握紧，脚趾与脚底也可以弯曲了，肾和泌尿道都开始工作，其他器官功能也在进一步继续发育并完善。

长成漂亮娃娃脸

胎宝宝的脸部器官已经全部就位，脸部更加清晰，五官明显，眼睛之间的距离不再那么远，已向脸部中央更靠近了，眼睑仍然紧紧地闭合，耳朵也已经到达最终的位置，小嘴能更好地吞咽羊水，脖子已经发育得足以支撑头部，变得更加漂亮了。

胎盘和脐带发育完成

这一周，陪伴胎宝宝整个孕期的胎盘和脐带也发育完成，开始正常工作，为胎宝宝发育源源不断地提供所需要的营养和氧气、运输代谢的废物，促进胎宝宝迅速而稳健地继续发育。

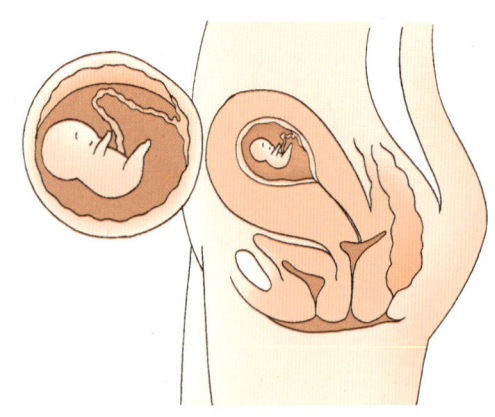

Day 86

✓ 胎教新知

产检

产检，是怀孕之后定期进行的身体检查，定期产检可以让准妈妈和医生更直接地了解胎宝宝的健康状况。

孕期产检一般为 12 次左右，以下是准妈妈在整个孕期可能进行的产检，准妈妈可以和医生协调每次产检的时间安排。

产检时间	产检次数	孕周	例行产检项目	定期、特殊产检项目	备注
孕 1 ~ 3 月（第一次产检）	第 1 次	12 周左右	了解病史（年龄、职业、推算预产期、月经史、孕产史、手术史、本次妊娠过程、家族史、丈夫健康情况等）体重 身高 血压 宫高 腹围 四肢浮肿情况 胎心	尿常规 血液检查（验血）• 血常规 • 凝血功能 • 血型（ABO、Rh）• 甲乙丙肝抗体 • 艾滋病抗体 • 梅毒抗体 • 肝功能 • 风疹病毒 • 弓形虫抗体 • 巨细胞病毒等 阴道检查 心电图 颈后透明带扫描（NT，检测胎儿唐氏综合征，怀孕 11 ~ 13 周进行）绒毛活检（检测胎儿唐氏综合征，怀孕 11 ~ 13 周进行）	• 建卡（在大城市，由于资源紧张，可能需要早进行）• 预约 B 超 • 如果有孕前体检单，带上可以省略几项
孕 4 ~ 7 月（每月检查一次）	第 2 次	16 周	体重 血压 宫高 腹围 四肢浮肿情况 听胎心 血常规 尿常规	唐氏综合征筛查（怀孕 14 ~ 20 周进行）羊膜腔穿刺术（检测胎儿唐氏综合征，怀孕 16 ~ 20 周进行）	有些医院会合并进行第一次产检时的血液检查和唐氏综合征筛查
	第 3 次	20 周		B 超（排除胎儿畸形，怀孕 18 ~ 24 周进行）	
	第 4 次	24 周		血糖筛查（一般在怀孕 24 周进行，如有高危因素可提前至孕早期）糖耐量测试（血糖筛查测量值超过标准时进行）	
孕 8 ~ 9 月（每半月 1 次）	第 5 次	28 周	体重 血压 宫高 腹围 四肢浮肿情况 听胎心 血常规 尿常规		
	第 6 次	30 周		B 超（检查胎儿发育情况并进一步排畸，怀孕 30 ~ 32 周进行）	
	第 7 次	32 周			
	第 8 次	34 周			
	第 9 次	36 周		胎心监护（从 36 周开始每周一次）	
孕 10 月（每周 1 次）	第 10 次	37 周	体重 血压 宫高 腹围 四肢浮肿情况 胎心监护 血常规 尿常规	骨盆测量 B 超（检查胎儿大小、胎位和羊水状况，为分娩做准备，怀孕 36 周或以后进行）心电图（可以门诊做，无特殊情况也可在入院待产时做）	• 与医生讨论分娩方式
	第 11 次	38 周			
	第 12 次	39 周			

产检项目不一定都会进行检查，特别是其中定期 / 特殊产检项目需要根据准妈妈具体情况由医生确定。

补钙

进入孕中期，胎宝宝的骨骼和牙齿都在发育，从现在起，准妈妈对钙的需要会越来越多，要提高补钙的意识。

补多少钙合适

准妈妈消耗的钙量要远远大于普通人，当血钙不足时，胎宝宝会"夺取"准妈妈骨骼中的钙盐，引起抽筋。在孕中期，准妈妈每天需补充 1 000 毫克钙，孕晚期需增加至 1 200 毫克。准妈妈补钙的一种重要方式，就是从日常饮食中获取钙，特别是从那些含钙量高的食物中获取，其次才是选择补钙产品，因此，准妈妈可能需要咨询医生看是否需要补充钙剂。

钙的最佳来源

牛奶和其他奶制品，以及强化钙的食品等，都是钙的最佳来源。在我们平常吃的食物中，虾皮、腐竹、豆腐、鱼类、海带、紫菜、鸡蛋以及绿叶蔬菜等食物中都含有丰富的钙质，是准妈妈的好选择。

科学地补钙

每天喝 500 毫升牛奶或酸奶，如果不习惯喝奶，每天可以补充 500 毫克左右的钙片，再吃一些虾皮、腐竹、黄豆、紫菜、动物骨头以及绿叶蔬菜等钙含量丰富的食物。

补钙同时适量补充维生素 D，因为维生素 D 能够调节钙磷代谢，促进钙的吸收。除了服用维生素 D 外，也要通过晒太阳的方式在体内合成活性维生素 D。准妈妈每天只要在阳光充足的室外活动半小时以上就可以合成足够的活性维生素 D。

补钙的同时也要注意不要补过头，通常补到 36 周就可以了，以避免胎宝宝头颅发育得太硬，自然分娩时头部不容易通过。

哪吒哪里来的

语言交流的材料随处可得，这些材料可以是轻松幽默的故事，可以从动画片、儿童故事、电影中寻找素材，也可以讲准妈妈或者准爸爸自己的所见所闻。

哪吒哪里来的

——老爷，老爷！夫人生了！

——是男是女？

——呃……不知是个什么……

——哼！

——啊？！怀胎三年六个月，生下这么个东西！恐怕不是个好兆头。哼！

——哈哈哈哈，李总兵，金光洞太乙真人向你贺喜了！

——嗨，变了一个不成形的小人儿。

——哈哈，不成形也好，请让我看看。

——谁知道这小东西这会儿跑到哪去了。

——哈哈哈哈……你看，来呀来呀。他不是在这吗。哈哈哈，我给他起个名字叫哪吒。

——谢师父，师父是神仙，定和小儿有缘，就请仙师收为徒弟吧。

——俗话说，神仙也是凡人作，只是凡人心不坚。哪儿有什么神仙哪。我只是个好打抱不平，爱开玩笑的老头罢了。你父亲既然有意，那我就收你这个徒弟了。

——哦？真有意思！

——你以后有什么难处，到金光洞来找我。来！

——谢谢师父！

——后会有期！

——节选自 1979 版《哪吒闹海》

请不要生气

《请不要生气》这本书讲的是一个总是惹人生气的小男孩的内心独白。

小男孩总是做一些自己觉得没有什么不对，但却让大人非常生气的事儿。当他被大人批评，含着眼泪闭紧嘴巴不吭声的时候，内心其实有很多辩解的话，但他选择什么都不说，因为他觉得，有些话说了，会让大人更加生气……

我总是惹人生气，
不管是在家还是在学校，
我总是惹人生气，
昨天，我惹人生气了，
今天，我也惹人生气了，
明天，我还会惹人生气。
我好不容易上了小学，
好不容易成了一年级学生，
可是……

我们常常以为，很皮很淘气的孩子不会在意我们大人的批评，绘本中小男孩的故事却告诉我们，其实，淘气的孩子也会非常在意大人的态度，他们也会因为受到批评而情绪低落。因为非常在乎大人们是否生气，以至于"请不要生气"成为小男孩最大的愿望。

魔术光影——手影

经常活动手指会让大脑得到相应的锻炼，胎宝宝也会因此受益，有趣的手影游戏既可锻炼准妈妈的手指，还能让准妈妈重新找回童年的快乐记忆。

在晚上的灯光下，或白天的太阳底下，或给胎宝宝做光照胎教时，准妈妈都可以来玩一玩这样的光影游戏。

天鹅

两只手拇指交叠，掌心伸开，做飞翔状。

孔雀

孔雀是用单手表演的，很简单，大拇指和示指捏在一起，中指无名指和小拇指直立。

啄木鸟

两只手来做，一只手做木头，一只手做啄木鸟，做啄木的动作。

鹦鹉

左手拇指、示指捏合，其余手指握拳，右手握住左手手腕，示指、中指伸直模仿树枝，其余手指向下模仿鹦鹉尾巴，表演时左手可以做一些动作，模仿鹦鹉活动。

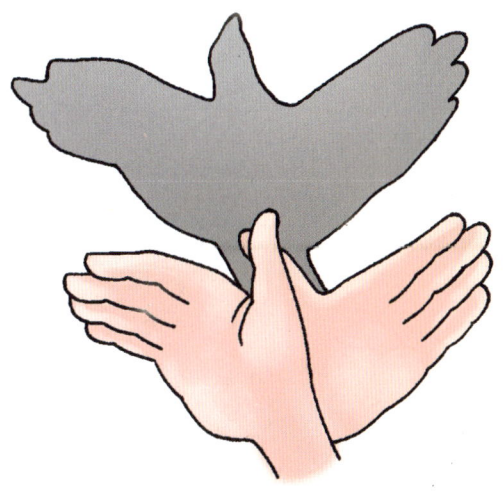

颠倒歌

在民间有一种别有意趣的《颠倒歌》，风格类似于打油诗，把事情往反了说。

人们认为《颠倒歌》能促进孩童认知、思维、语言能力的发育，也能陶冶性情。

一

颠倒歌，说颠倒，

石榴树上结红桃，

杨柳树上结辣椒；

吹着鼓，打着号，

木头沉到底，

石头水上漂；

小鸡叼了秃老鹰，

老鼠抓住大花猫；

你说好笑不好笑。

二

小老鼠森林里面称大王，

大狮子害怕那个小老鼠，

蚂蚁扛大树，大象没力气，

事情全颠倒，你说可笑不可笑。

小鱼儿飞呀飞在蓝天里，

小鸟儿游呀游在大海里，

公鸡会生蛋，母鸡喔喔啼，

事情全颠倒，你说可笑不可笑。

胎宝宝的样子

这一周的胎宝宝还非常微小，但他身体的所有基本构造都已经形成了，还长出了指纹，这将是他独一无二的身份识别标识。

🌱 指纹印开始出现

胎宝宝头臀长为 10 ~ 12 厘米，体重 30 ~ 43 克。胎宝宝的身体的生长速度超过头部，头重脚轻的状况将得到很大改善，而且他的颈部更加伸展、更加有力，有时候还能把头抬起来。胎宝宝的手指发育更完善，除了圆润的小指甲外，他的指纹也开始出现，并将成为以后独一无二的身份象征。

🌱 进行面部表情练习

由于大脑神经系统越来越发达，在这周内，胎宝宝可以做许多动作，如双手握紧、吸吮自己的大拇指等，还出现眯着眼睛斜视、皱眉头、做鬼脸等面部表情，这些动作促进了胎宝宝面部肌肉发育，还可以帮助他大脑更好地发育。

🌱 正在长出很多毛发

胎宝宝正在长出很多毛发，不只是头发和眉毛，他的整个身体现在都覆盖着非常细小的绒毛，即胎毛，看上去有点毛茸茸的感觉。不要担心，胎毛通常会在出生前消失，不过头发的密度和颜色在宝宝出生后还会发生改变。

虽然偶尔有一些担心是很正常的，但如果将注意力放在享受美味、享受生活、坚持运动上，而不是用来担心胎宝宝的健康，会让准妈妈更愉快。

妊娠纹

随着宝宝的快速生长，准妈妈腹部渐渐隆起，出现妊娠纹是很多准妈妈都会遇到的情况，可以提早做好预防，减缓妊娠纹的产生。

🌿近 90% 的准妈妈会出现妊娠纹

妊娠纹实际上是皮肤在快速膨胀的时候超过自身的弹性限度，皮下组织中的纤维组织及胶原蛋白纤维断裂而形成的纹路，而怀孕会加剧这种反应，实际上，约90% 的准妈妈在孕期都会不同程度地出现妊娠纹，除腹部外，它还可延伸到胸部、大腿、背部及臀部等处。准妈妈可以提早预防，让自己成为那 10% 里的幸运妈妈。

🌿加强孕期保健，防治妊娠纹

摄取均衡的营养，多吃新鲜水果、蔬菜、谷物、坚果，多喝水，增加细胞膜的通透性和皮肤的新陈代谢，改善肤质，帮助皮肤增强弹性。

控制体重增长的速度。适度摄入脂肪、碳水化合物，避免体重增长过快留下妊娠纹。

做适度的运动。孕中期是恢复运动的最佳时机，而游泳等运动对于增加皮肤弹性很有好处，而且还可以借助水的阻力进行皮肤按摩，促进新陈代谢，消耗多余脂肪。

🌿试试防护妊娠纹的护肤品

有些专门防治妊娠纹的护肤品可以加强皮肤弹性，形成妊娠纹后也可坚持使用来修复皮肤、淡化妊娠纹。准妈妈在选择产品时要以安全、温和为主，建议在医生指导下使用。准妈妈也可以每天用小麦胚芽油或杏仁油在沐浴后按摩皮肤，增加皮肤弹性。

每日营养配比

现在，准妈妈的食欲旺盛，体态较以前丰满了许多，肚子可以用"膨胀"来形容了，不免有些担心会发胖。其实，只要稍加注意，就可以在为胎宝宝提供充足营养的同时，避免体重增长过快。

🌱 体重每周增长不超过 500 克

孕中期是胎宝宝迅速发育的阶段，准妈妈体重每周增加 350 克左右，不超过 500 克都是正常的。只要准妈妈均衡饮食，适当运动，完全可以让自己的体重稳步增长。但如果准妈妈的体重增长过少，则需要适当调整，加强营养。

🌱 准妈妈一天营养的摄取量

总体来说，准妈妈在这一阶段需要每天摄取以下食物：

谷类：350 ~ 450 克，其中杂粮不少于 1/5。

鱼、禽、畜肉：交替选用约 150 克，准妈妈可以适当吃些动物内脏，包括肾、肝、心、肚等，它们不仅含有丰富的优质蛋白质，而且还含有丰富的维生素和矿物质，如果能每周选食 1 次是比较合适的。

鸡蛋：每日 1 个。

蔬菜：500 克（其中绿叶菜 300 克），可以多吃芥蓝、西蓝花、豌豆苗、小白菜、空心菜等绿色蔬菜。

水果：各类水果，选择含糖量低的水果，总量不超过 500 克。

牛奶、酸奶：250 ~ 500 克，或相当量的奶制品（如奶粉 35 ~ 70 克）。

植物油：20 ~ 25 克。选择不饱和脂肪酸含量丰富的植物油，如橄榄油、芥花油、花生油等。

泥娃娃

还记得童年时经常唱的儿歌《泥娃娃》吗?

今天, 学做一个有鼻子有眼的可爱的小泥娃娃吧!

🌿 泥娃娃制作步骤

1. 用黑色的橡皮泥捏出娃娃的头发和圆圆的小眼睛; 用肉色橡皮泥捏出两只小耳朵; 用红色的橡皮泥捏出嘴巴。

2. 用肉色的橡皮泥搓一个小圆球做娃娃的头部, 然后粘上头发、耳朵、眼睛和嘴巴。

3. 用红色的橡皮泥搓一个大一些的圆球做娃娃的身体部分, 将上面搓尖。

4. 在身体尖的部分插上火柴棒或者是牙签, 然后将头部插上固定住。

5. 稍作修整, 安装完成。

Day

96

名画欣赏

珍妮和她的孩子

美国女画家玛丽·卡萨特一生从未结过婚，也没有生过儿女，但是她却画了许多有关母爱的画作。卡萨特对母亲和儿女在日常生活中的亲密事情有着特殊的感情。画面中，婴儿舒服惬意地吮乳，胖乎乎的小手轻触母亲的脸颊，这种幸福的感觉，在不久的将来准妈妈将真实地体验到。

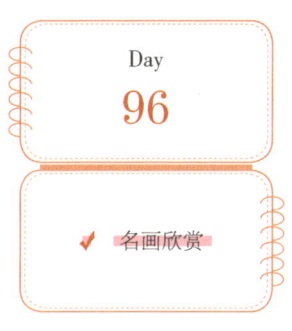

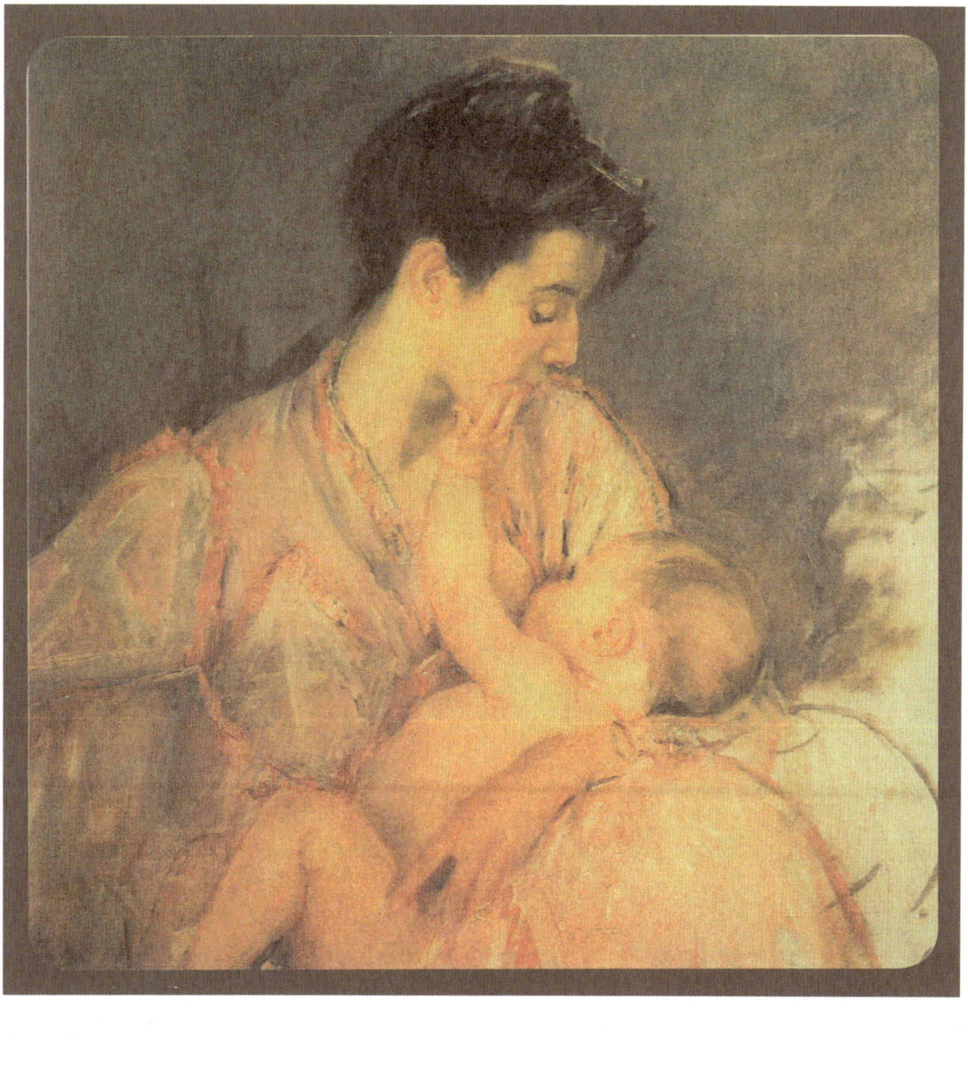

Day
97

✓ 准爸爸互动

表达"我爱你"

最好的胎教莫过于让胎宝宝能真切地感受到准爸爸准妈妈对他的爱。

准爸爸不妨试试用各国语言对胎宝宝表达"我爱你"，说不定胎宝宝会很喜欢哦。

🌱 "我爱你"的各种语言表达法

汉语 —— 我爱你

英语 —— I love you

法语 —— Je t`aime（杰天嘛）

德语 —— Ich liebe Dich（衣西里拔弟兮）

日语 —— あいしてる（阿依兮带路）

韩语 —— 사랑해요（撒浪嘿哟）

匈牙利语 —— Szeretlek（赛来特可来）

希腊语 —— Σ'αγαπώ（萨哈泼）

葡萄牙语 —— Eu amo-te（哎呜啊木腿）

菲律宾语 —— Mahal Kita（马哈吉他）

俄语 —— Я люб лют е б я（亚六布六介别亚）

西班牙语 —— Te amo（得阿摸）

意大利语 —— Ti amo（提阿么）

印度尼西亚语 —— Saja kasih saudari（萨家卡寺和萨德瑞）

国风·邶风·击鼓

恰当的浪漫是爱情最好的润滑剂，一起给胎宝宝读一读这首《诗经》中的诗歌吧，让胎宝宝感受到对爱的承诺。

国风·邶风·击鼓

击鼓其镗，踊跃用兵。
土国城漕，我独南行。
从孙子仲，平陈与宋。
不我以归，忧心有忡。
爰居爰处？爰丧其马？
于以求之？于林之下。
死生契阔，与子成说。
执子之手，与子偕老。
于嗟阔兮，不我活兮。
于嗟洵兮，不我信兮。

这首诗歌描述了一个出征的士兵，在战场上回忆与妻子的誓言的故事。夫妻俩平凡的相许，刻骨铭心，里面的甜蜜和期待甚至消散了战争的惨烈和悲凉。现在"执子之手，与子偕老"的盟誓，已经成为了千百年来恋人们和夫妻间永久的追求与不变的情怀。

胎宝宝的样子

胎宝宝在准妈妈的体内愉快地成长，他的眼睛可以开始感觉到光了，不过他的眼睛还很娇弱，千万不要用强光刺激他哦。准妈妈可以多到自然中去走走，与胎宝宝一起欣赏更多的美好风光。

身长和体重快速增长

胎宝宝现在头臀长有 12 ～ 14 厘米，重 60 ～ 70 克，并将继续快速增长，在接下来的几周中，他的身长和体重将增长 1 倍甚至更多，准妈妈需要继续注意营养均衡，促进胎宝宝快速成长。

关节全部发育完成

现在，胎宝宝的腿比胳膊长，整个身体比例变得更加协调，并且可以活动所有的关节和四肢，他的手也更加灵活，能不时将小手放进嘴里吮吸，踢踢小腿，因为他的关节全部都发育完成而且可以自由运用了。

胎宝宝能感光了

胎宝宝的眼睑仍然闭合，但可以感觉到光，现在的他很可能已经会试着躲避光源了，这是一个很大的进步。此外，胎宝宝的头发在继续生长，汗腺正在形成，味蕾开始逐渐发育完成，细节处变得更加完善。

随着胎宝宝的生长，准妈妈体内的血容量逐渐增加，此时准妈妈更需要注意补铁，预防缺铁性贫血。

Day

100

✓ 名画欣赏

蜻蜓　螳螂　谷穗

这幅画作是齐白石的作品，齐白石的花鸟画最为世人称道，他既能作细如毫发的工笔草虫，又善画简而又简的粗笔大写意，这幅画巧妙地将二者结合起来，奇妙而又精绝。

此《蜻蜓 螳螂 谷穗》笔简而意俱到，齐白石从精微处着手，将在谷穗下的螳螂和谷穗上飞舞的蜻蜓，描绘得风姿生动，意趣横生，极富表现力和感染力，让准妈妈和胎宝宝有最直观的感受。

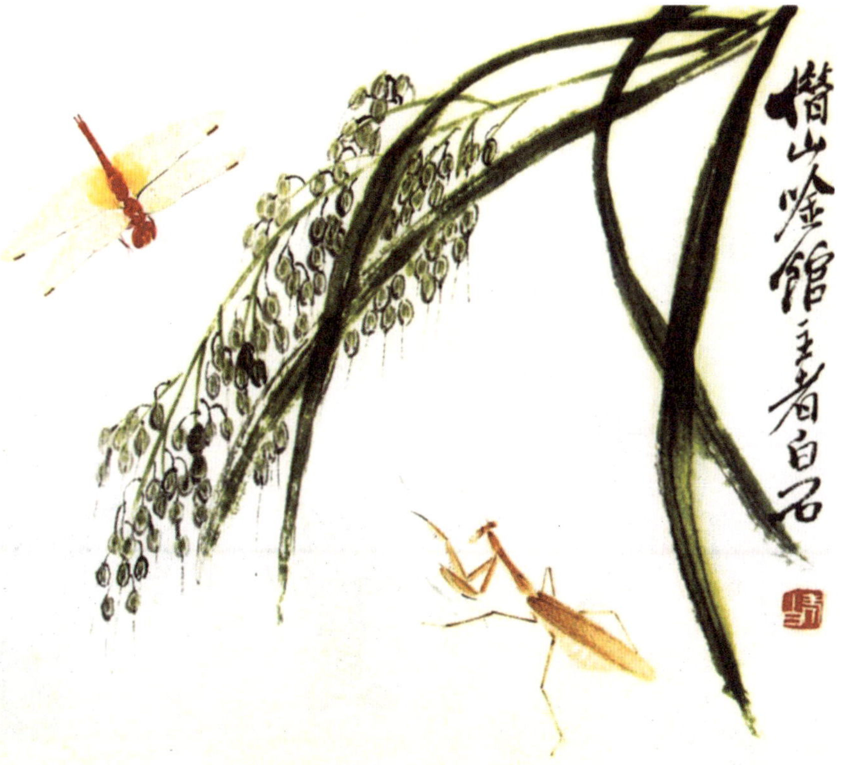

Beanbag
（豆子袋）

还记得小时候和伙伴们一起玩丢沙包的游戏吗？还记得玩游戏时回荡着的欢笑声吗？和胎宝宝一起来重温这欢乐吧！

Beanbag,beanbag,

豆子袋，豆子袋，

Play a game of beanbag!

玩豆子袋的游戏！

Toss it first to Laura Lee,

先把它投给劳拉·李，

Then to Jenny,then to me.

然后给詹妮，然后给我。

Beanbag,beanbag,

豆子袋，豆子袋，

Play a game of beanbag!

玩豆子袋的游戏！

Beanbag,beanbag,

豆子袋，豆子袋，

Play a game of beanbag!

玩豆子袋的游戏！

Toss it first to Mary Lou,

先把它投给玛丽·卢，

Then to Billy,then to you.

然后给比利，然后给你。

Beanbag,beanbag,

豆子袋，豆子袋，

Play a game of beanbag!

玩豆子袋的游戏！

小猫和鱼

这个故事里有一只让人忍俊不禁的小猫：玉米种下去能收玉米，可是小鱼种下去会有什么结果呢？从前熟悉的有趣小故事，准妈妈都可以讲给胎宝宝听，多与胎宝宝互动哦。

一、小猫种鱼

小猫看到农民把玉米种到地里，到了秋天，收获了很多玉米。

小猫看到农民把花生种到地里，到了秋天，收获了很多花生。

小猫把小鱼种到地里，到了秋天，小猫想收获很多小鱼。

二、小猫钓鱼

小猫种鱼没有收获，只好跟着猫妈妈去钓鱼啦。他们刚在池塘边坐下，一只蜻蜓飞来了。蜻蜓真好玩，飞来飞去像架小飞机。小猫很喜欢，就去捉蜻蜓。捉了半天没捉着，回来一看，妈妈钓着了一条大鱼。

小猫又坐下来钓鱼，一只蝴蝶飞来了。花蝴蝶真美丽，小猫很喜欢，又跑去捉蝴蝶。捉了半天没捉着，回来一看，妈妈又钓着了一条大鱼。

小猫很郁闷："为什么我一条小鱼也钓不着？"猫妈妈看了看小猫，说："钓鱼就是钓鱼，不要这么三心二意的。你一会儿捉蜻蜓，一会儿捉蝴蝶，怎么能钓着鱼呢？"小猫很难为情，安静地钓起鱼来。

蜻蜓飞来了，蝴蝶飞来了，小猫假装没看到，盯着自己的鱼竿瞧。一会儿，小猫也钓起来一条大鱼啦，猫妈妈很为他感到自豪！

Day **102**

✔ 讲个故事

儿歌《熊猫宝宝》

熊猫憨态可掬，是我国的"国宝"，它圆圆的脸颊，大大的黑眼圈，胖嘟嘟的身体，实在是太可爱了，相信胎宝宝一定很喜欢，今天就来给给胎宝宝唱这两首熊猫宝宝儿歌吧。

熊猫宝宝

我是一只大熊猫，

胖胖身体圆圆腰。

小朋友们都喜欢，

大家爱我是宝宝。

熊猫宝宝

熊猫宝宝，

走路摇摇，

翻个筋斗，

让你瞧瞧。

准爸爸准妈妈还可以用卡纸做一个简单的熊猫图像，给腹中的胎宝宝做胎教再好不过了。

🌱简单的熊猫

1.用白色卡纸剪一个大圆，用剩余的大半做熊猫的身体。

2.再剪几个圆做熊猫的耳朵、眼睛、嘴巴。

3.将它们粘在一起，涂上颜色，熊猫就做成了。

如梦令

　　两首出自李清照之手的《如梦令》，是绝妙的大自然的赞歌，寥寥数语，似乎是随意而出，却又惜墨如金，句句含有深意，给人以美的享受。

如梦令（其一）

常记溪亭日暮，沉醉不知归路。
兴尽晚回舟，误入藕花深处。
争渡，争渡，惊起一滩鸥鹭。

如梦令（其二）

昨夜雨疏风骤，浓睡不消残酒。
试问卷帘人，却道海棠依旧。
知否，知否，应是绿肥红瘦。

菊次郎的夏天

《菊次郎的夏天》是日本导演北野武的电影作品，讲述了小男孩找寻妈妈的过程。值得一提的是里面的配乐是日本音乐大师久石让作曲，非常动人，最经典的是那首《夏天》。

🌱剧情介绍

菊次郎先生的一生在别人看来卑微而猥琐，遇上一个有一点犹豫的小男孩后，出于不愿意看见他不开心的心情，于是努力安慰他，开始展现他的无赖式的笑料，我们能看到他从心底慢慢蒸发出的温情。

二人过得十分愉快，夏天就这么过去了，对小男孩来说，这是一个特别的夏天，对武田先生来说，这同样是一个特别的夏天，一个或许很容易被遗忘的夏天。

"天使终究是不会来的，可是我们还有北斗七星"，一个历经世俗的人会这么劝导涉世未深的孩子，浅显却真实。

欢乐有时候并没能来自我们想找到的那些东西，而是来自偶然、偶遇、偶得，毫不知情下的一次胎动，偶然听到的一首乐曲，上班途中的一朵鲜花等，同时也因偶然、短暂而显得弥足珍贵。

感动、温馨、开心、笑容、情不自禁等词语也许是准妈妈看过这个片子会想到的，人生路上，幸福并不在目的地，而是在寻找幸福的路上。

胎宝宝的样子

胎宝宝各部分发育逐渐完善，他将进入迅速生长阶段。此时，通过 B 超可以肉眼辨别胎宝宝的性别了，准妈妈可以保留这份神秘感，待胎宝宝出生时给准妈妈一个惊喜。

🌿 胎宝宝看起来像一个梨子

现在，胎宝宝头臀长15～16厘米，体重120～150克，相当于一个鸭梨那么大。在以后的3周里，胎宝宝进入迅速发育阶段：体重会增加一倍，身长增长好几厘米。胎宝宝的头部比从前更加直立，双眼也已经从头的两边移到了前方，耳朵也已经到达了最终的位置，尽管他还闭着眼睛，但他的眼球已经能够慢慢移动，手指甲完整地形成了。胎宝宝已经接近完美。

🌿 循环系统规律工作

胎宝宝的血管网遍布全身，小心脏已经规律跳动，神经系统开始工作，肌肉可以对大脑的刺激作出反应，使他的动作更加协调。胎宝宝的循环系统几乎都进入了正常的工作状态，开始发挥作用了，他将继续吞咽羊水练习呼吸。

🌿 开始出现胎动

很快，准妈妈还将经历孕期的一个最美妙的时刻：感觉到宝宝的胎动，那将是一种神奇的感受，让准妈妈更加体会到胎宝宝的存在。但大多数人要等到第18周或之后才会有所感觉，别太着急，在接下来的孕周里，宝宝的胎动会变得更加有力，准妈妈也能更频繁地感知到。

本周可以进行第2次产前检查了，医生可能为准妈妈进行唐氏综合征筛查和羊膜腔穿刺术，去的时候别忘了带上记载检查结果的健康手册。

水果餐

水果不仅味道好，还可以帮助准妈妈和胎宝宝补充维生素和膳食纤维，今天让我们试一试自己动手准备几款缤纷美味的水果餐吧，享受下厨乐趣的同时，还可以加餐补充营养。

水果沙拉

功效：多种水果中含有准妈妈和胎宝宝必须的维生素，而且含有大量的水分和膳食纤维，与酸奶拌成水果沙拉，还具有缓解便秘的功效。

材料：准妈妈喜欢的各种水果，如2个草莓、半个苹果、半个梨、1个猕猴桃等，按照自己的口味选择，150～200毫升的酸奶1盒。

做法：将所有水果分别洗净，去皮，然后将各色水果切块装盘，在水果上淋上酸奶即可。

水果含糖量高，一定要注意食用量，控制在每天200克左右即可，如果准妈妈有妊娠糖尿病，需要避免食用。

母

做母亲的感觉是什么样的？是期盼？是幸福？还是有些激动或者是有些莫名的感动和不安？也许准妈妈早已习惯了做妈妈的女儿，却没有想到自己真的有一天也成了母亲，那复杂的情绪一起涌来，一时间也表达不出自己的心情。

| 甲骨文 | 金文 | 小篆 | 隶书 | 楷体 |

🌱 "母"字渊源

古文字的"母"字，像一个跪坐的女性，胸部的两点代表突出的乳房。"母"的本义当指成年生育过的女子，又特指母亲。由母亲的含义延伸，"母"字又被用做女性尊长的通称，如伯母、祖母等。

甲骨文从"女"胸前加两点，像妇女有两乳之形，表示已产子有乳，篆字整齐化，隶变后楷书写作"母"。

因为母能生子，所以母字也引申指事物的本源。

爱抚

这是一首充满爱的小诗，从孩子的描述中，看到的是深深的母爱，这一切，孩子都是看得到的，无论将来他走到哪里，都会有一颗牵挂家里的心。

爱抚

妈妈，妈妈，吻吻我吧，

我要更多地吻你，

直吻得

你看不见别的东西……

蜜蜂钻进百合里，

花儿不觉得它鼓动双翼。

当你把儿子藏起，

同样听不见他的呼吸……

我不停地注视着你，

一点也没有倦意，

你眼里出现一个孩子，

他长得多么美丽……

你看到的一切

宛如一座池塘；

但只有你的儿子

映在秋波上。

你给我的眼睛，

我要尽情地使用，

永远注视着你

无论在山谷，海洋，天空……

——〔智利〕米斯特拉尔

搭建一个家

准妈妈是否因为孕期不适而心绪不宁呢？来，帮助她分散一下注意力，用牙签搭建一个家，那是心中宁静的港湾。

准备一包牙签、一瓶胶水、一把剪刀。

将整根的牙签粘在一起，作为家园的土地。

按需要将牙签用剪刀剪成合适的长度，搭建院落及房屋。

如果觉得单调，可以再装饰一些植物，或者给房子涂上颜色。

月光下的凤尾竹

葫芦丝是我国云南少数民族特有的乐器之一，其音色特别独特优美，《月光下的凤尾竹》是一首用葫芦丝演奏的非常著名的傣族乐曲。

葫芦丝奏响之际，让人仿佛能看到一轮明月下，一段美好的爱情故事在发生。

月光下的凤尾竹

月光下面的凤尾竹哟，

轻柔啊美丽像绿色的雾哟，

竹楼里的好姑娘，

光彩夺目像夜明珠，听啊，

多少深情的葫芦笙，

对你倾诉着心中的爱慕。

皎洁月光下，丛丛的凤尾竹摇曳着秀丽的枝叶。清幽的乐曲缓缓飘起，穿过竹叶，带来远处阿哥的思念与问候。美丽的傣族姑娘闪现在凤尾竹旁，带着微笑，明丽的双眸脉脉含情，和着阿哥吹奏的乐曲，在清风中翩翩起舞。

愿这首动人的乐曲，能带着准妈妈和胎宝宝去美丽的凤尾竹旁，见证一段浓情蜜意的恋爱。

宝贝，慢慢来

　　成长是一个学习的过程，准爸爸准妈妈，希望你们告诉亲爱的宝贝：慢慢来，认真去学，想学的东西就能真正学会哦。

　　《宝贝，慢慢来》是安博·斯图尔特（英国）讲述的一个故事，故事的主人公是一只名叫兰波的小水獭，他能做很多事情，而不能做的事情只有"游泳"。

　　一个阳光明媚的星期一，在池塘边，姐姐对兰波说："你现在应该开始从一点点儿做起，慢慢来。"

　　"从一点点做起，慢慢来？"兰波问。

　　"是的，相信我，亲爱的弟弟，从一点一点做起，慢慢来可以把不能做变成能做的。"

　　在这个星期一，兰波开始从一点一点做起，他跳跃着走过河床，每次都努力使自己的脚能多离开河底一会儿。

　　星期二，他能跳得更高了，有东西握着的时候还能漂浮一阵子呢。

　　星期三，兰波自己完全可以漂浮起来了。

　　星期四，他会一点一点踢水，后来还能踢着水游到池塘中间的石头那边。

　　星期五，兰波自己就能扑通地跳进水中，溅得水花飞溅，不由得从河这边游到河对岸。

　　…………

　　就好像故事里那样，你听说过不会游泳的水獭吗？水獭终究是会学会游泳的，准爸爸和准妈妈未来要学会耐心等待、多多鼓励，孩子们会通过自己的努力学会本领的！

第5个月

胎动的美妙

胎宝宝的样子

准妈妈马上可以感到胎动了。胎动最初的感觉可能像蝴蝶振翅、冒泡，甚至像爆米花爆开一样，非常神奇。随着胎宝宝的成长，胎动会逐渐明显起来，准妈妈会更加频繁地感知到哦。

🌿软骨开始硬化为骨骼

胎宝宝在本周头臀长约 16 厘米，体重为 140～170 克，他还在继续快速增长。现在，胎宝宝像橡胶一样的软骨开始硬化为骨骼了。同时，胎宝宝的脂肪开始形成，保护骨骼的卵磷脂也开始形成并覆盖在骨骼上。宝宝新生时共有 300 块骨头（骨骼和软骨的总数）。随着宝宝的成长，一些骨头会变硬，并融合到一起。长到成人时，多只剩下 206 块。

🌿胎动出现并变得频繁

现在，大部分准妈妈会感觉到胎动的出现，准妈妈可以记录下第一次胎动的时间，下次去医院体检时告诉医生。随着胎宝宝的发育，胎宝宝的动作更加协调，手脚和身体活动更频繁，他会经常抓着自己的脐带玩耍，还会拳打脚踢，准妈妈会明显感受到胎动。

🌿心脏发育即将完成

到现在为止，胎宝宝的心脏发育几乎完成，搏动有力，每分钟约 145 次。其他的脏器也在不停地发育和完善中，循环系统和尿道完全进入正常的工作状态，肺也开始工作，听觉开始发育，慢慢地，胎宝宝可以听到准妈妈身体内部和外面世界的声音了，多和胎宝宝说说话，让他尽快熟悉准妈妈的声音吧。

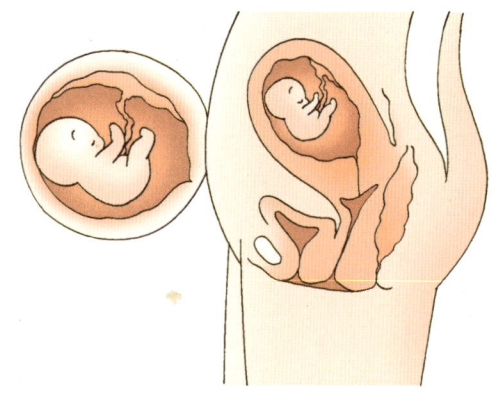

胎动的感觉

胎动是胎宝宝发育存活的标志之一，感受胎动，是监护胎宝宝发育和健康状况的手段之一，也是家庭生活中的母－子－父之间的关系开始逐渐形成的表现。

🌱 第一次胎动的感觉

第一次感觉到胎动，每个准妈妈的感受都可能不太一样：

像小鱼吐泡泡，我总说肚子里像养了条泥鳅；

第一次胎动还以为自己要拉肚子了，怎么里边咕噜噜的，非常明确是踢、拉这种动作，在19周；

突然肚子动了一下，我刚开始还纳闷以为自己饿了，过会儿又动了几下，才知道是胎动；

拿不准像小鱼在游一样的感觉是不是胎动，然后一天下午肚皮中间被"咣咣咣"踹了三脚，都把我踹懵了；

…………

第一次感受到胎动的时间也不尽相同，有早有晚，大部分准妈妈在17～19周时会明确：原来，这就是胎动啊！

🌱 数胎动

准爸爸将两手掌放在准妈妈的腹壁上，可感觉到胎宝宝有伸手、蹬腿样活动。

从发现有胎动开始，可以每天早晨、午后、晚上各数一次，每次数1小时，然后将3小时的胎动次数相加乘以4，即可代表12小时的胎动次数。

胎动规律：一天有两个高峰，一个在下午19～21时，另一个是在午夜23时至凌晨1时，早晨最低。一般正常胎动频率为30～40次／12小时，异常情况为30次／12小时以下

小蝌蚪找妈妈

还记得小时候在课本上读《小蝌蚪找妈妈》这则故事时的心情吗？

这可能是最适合念给胎宝宝听的故事之一，快给胎宝宝讲一讲吧。

春风轻轻地吹过，太阳光照着。池塘里的水越来越暖和了。一群大脑袋长尾巴的蝌蚪，他们在水里游来游去，非常快乐。

有一天，鸭妈妈带着她的孩子到池塘中来游水。小蝌蚪看见小鸭子跟着妈妈在水里划来划去，就想起自己的妈妈来了。

"我们的妈妈在哪里呢？"他们问鸭妈妈："鸭妈妈，鸭妈妈，您看见过我们的妈妈吗？"鸭妈妈说："看见过。你们的妈妈头顶上有两只大眼睛，嘴巴又阔又大。""谢谢您，鸭妈妈！"小蝌蚪高高兴兴地向前游去。

一条嘴巴又阔又大的鱼游过来了，小蝌蚪追上去喊妈妈："妈妈！妈妈！"大鱼笑着说："我不是你们的妈妈，我是小鱼妈妈，你们的妈妈有四条腿，白肚皮，身穿绿衣服。""谢谢您啦！鱼妈妈！"小蝌蚪再向前游去。

小蝌蚪游呀、游呀，游到池塘边，看见一只青蛙坐在圆荷叶上，他们游过去小声地问："请问您看见我们的妈妈了吗？她头顶上有两只大眼睛，嘴巴又阔又大，有四条腿，白肚皮，穿着绿衣服……"

青蛙听了"呱呱"地笑起来，她说"傻孩子，我就是你们的妈妈呀！"小蝌蚪听了，一齐摇摇尾巴说："奇怪！奇怪！我们的样子为什么跟您不一样呢？"青蛙妈妈笑着说："你们还小呢，等你们长大，就跟妈妈一样啦。"

小蝌蚪听了，高兴得在水里翻起跟头来："啊！我们找到妈妈了！我们找到妈妈了！"青蛙妈妈扑通一声跳进水里，和她的孩子蝌蚪一块儿游玩去了。

Little Star
（小星星）

此曲主题出自一首古老的欧洲歌谣，被多个国家用不同的语言歌唱过。在我们中国，就是那首我们再熟悉不过的"一闪一闪亮晶晶，满天都是小星星"。

Twinkle twinkle little star,

一闪一闪小星星，

How I wonder what you are?

我想知道你是什么？

Looking at your magic light,

看着你闪着魔幻般的光芒，

Watching over us tonight.

在晚上注视着我们。

Before my dreams take me away,

在我的梦想带走我之前，

I kneel beside my bed and pray,

我在床旁边下跪并且为

For all the children in the dark.

所有在黑暗中的孩子祈祷。

Till tomorrow, twinkle little star,

直到明天，闪光小星星，

Promise me you'll twinkle little star,

请你许诺我，闪光小星星，

Cause everybody needs a little star.

因为大家需要一个小星星。

一只青蛙一张嘴

这个绕口令可不光练了准爸爸的嘴巴灵敏度哟，还可以考验准爸爸的速算能力。青蛙增多之后，准爸爸还可以脱口而出地数出它是多少张嘴，多少条腿吗？

快和准妈妈一起，你一句我一句地比赛数青蛙的嘴和腿，看谁说得快而且准。

一只青蛙一张嘴，

两只眼睛四条腿，

扑通一声跳下水。

两只青蛙两张嘴，

四只眼睛八条腿，

扑通、扑通跳下水。

三只青蛙三张嘴，

六只眼睛十二条腿，

扑通、扑通、扑通跳下水。

…………

青蛙是一种两栖动物，可以在陆地上生活，也可以在水里生活。它长着强健的四肢、一张大嘴巴和鼓鼓的眼睛。它穿着绿色的滑溜溜的"外衣"。不过，它的"衣服"经常湿乎乎的。

青蛙的嘴巴里有一个捕虫的法宝，那就是它的舌头。它的舌头是"倒长的"，就是说舌根在外，舌尖向里。舌头上有黏液，它可以一下子把昆虫粘住。

青蛙的眼睛长在头的两侧，大而突出，有上、下眼睑，有时候它还眨眼睛哦。不过，与我们人类的眼睛能分辨许多事物相比，青蛙的眼睛很"矛盾"，为什么这样说呢？原来它的眼睛只对它喜欢吃的苍蝇和飞蛾最敏感，而对其他飞动着的东西和静止的景物都没有反应。

青蛙的腿动作可灵活，它可以一动不动地趴着很久，也可以突然一下子蹦跳到水中，或弹起来捕食。

Day

118 ～ 119

✓ 名画欣赏

第一步

这是梵·高临摹自米勒的一幅画，画面温馨，用色鲜明，色彩斑斓，贴近自然，画面中弥漫着育儿乐趣及一家人在一起的朴素亲情，这种温暖的感觉会令准妈妈受到感染，让胎宝宝感到温暖，感受到生命的活跃与实实在在，平凡中满溢着和谐、慈爱、生机盎然。

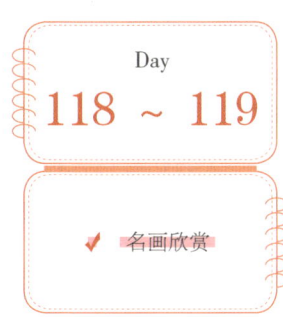

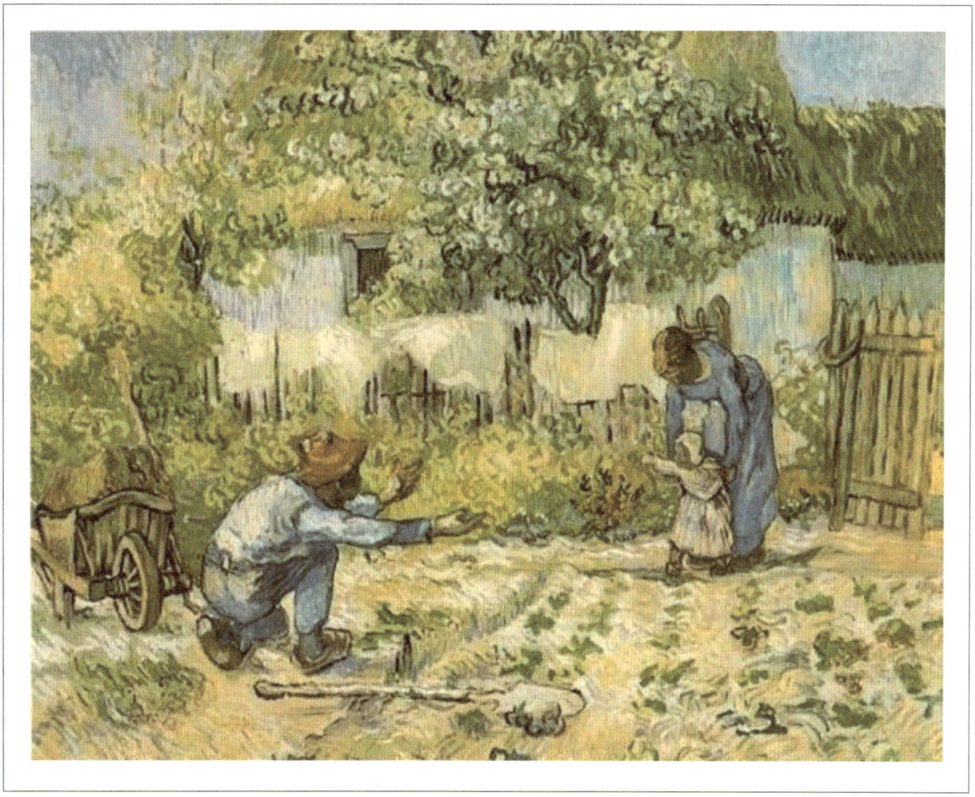

胎宝宝的样子

胎宝宝越来越爱动，准妈妈会比较明显地感受到胎动了。当他踢腿或活动时，准妈妈轻柔的抚摸可以使他安静下来，这是准妈妈和胎宝宝间的游戏，也是爱的交流，对促进胎宝宝的智力发育有很大的积极意义。

🌿胎动越来越频繁

胎宝宝此时头臀长约 17 厘米，重 160 ~ 198 克。他的身体比例更趋协调，下肢比上肢长，下肢各部分也都成比例。身体发育更加完善，胎宝宝也越来越爱动，所以胎动会越来越频繁，通过 B 超可以看到胎宝宝吮吸、踢腿、抓脐带的动作。

🌿大脑继续发育

胎宝宝的大脑继续发育，大脑的两个半球不断扩张，逐渐接近仍在发育的小脑，小脑两个半球也正在形成，正是胎教的好时机。胎宝宝的骨骼继续生长和变硬，股骨长度和头径都已经能够测量，通常，测量头径可以用来进一步核实预产期。

🌿可以看出男孩女孩了

如果胎宝宝是个女孩，她的子宫和输卵管已经形成，并且已各就各位。如果是男孩，可以通过 B 超看到他的生殖器了，但他可能会遮起来不让你看哦，耐心地等待吧，宝宝出生的时候会带来惊喜的。

准妈妈需要继续多吃些含铁、钙丰富的食物，并适量运动，在避免体重增长过快的同时，促进胎宝宝健康成长。

Day
121

✓ 胎教新知

孕期游泳

游泳对准妈妈来说是相当好的有氧运动，如果准妈妈一直有游泳的习惯，而且身体状况也良好，孕期可经常游游泳。

🍃孕期游泳的好处

1. 游泳让全身肌肉都参加了活动，能促进血液循环，使胎宝宝更好地发育，另外，通过游泳，准妈妈还可以控制增长过快的体重。

2. 水的浮力能够减轻身体负担，从而缓解或消除孕期常有的腰背痛症状，并促进骨盆内血液回流，消除淤血现象，有利于减少便秘、痔疮、四肢浮肿和静脉曲张等问题的发生。

3. 游泳还可以改善情绪，对胎宝宝的神经系统有很好的影响。

4. 游泳对于肺活量的锻炼很有作用，有助于准妈妈顺利分娩。

🍃孕期怎么游泳

1. 在游泳前，准妈妈最好征得医生的同意，怀孕未满4个月或有流产、早产、死胎史、阴道出血、腹部疼痛，或患心脏病、妊娠高血压综合征、耳鼻喉方面疾病的准妈妈都禁止游泳。

2. 选择卫生条件好、人少的游泳池。水温在29～31摄氏度为宜，并能避开阳光的直射。

3. 下水前先做一下热身，下水时戴上泳镜；上岸时注意擦干身体，避免感冒。

4. 游泳时动作不宜剧烈，时间也不要过长，一般不宜超过1小时。另外，不要跳水，不要仰泳，蛙泳是最佳选择，因为这不需要身体（除了两臂）的扭转，同时也更加省力。

Day
122

美妙音乐

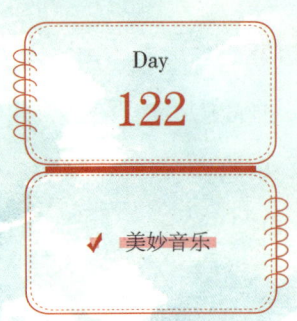

杜鹃圆舞曲

好的音乐不仅让人通体舒畅，还能让人体会到无法亲临的美丽场景。今天，听一曲春意盎然的曲子吧——《杜鹃圆舞曲》。

《杜鹃圆舞曲》是约纳森在 1918 ~ 1930 年为无声影片进行钢琴配音时即兴而作，曲调优美，音乐形象生动鲜明，带有浓浓的春意，特点是模仿了杜鹃鸣叫的音调。

这首曲子在曲调和节奏上，具有挪威民间舞曲的风格，乐曲一开始节奏轻快、活泼，描绘了一幅生机盎然的景象，接着曲调表现出杜鹃在林中飞来飞去的浓浓春意，形成了温和、迷人的气氛。

春天是一个充满了希望和朝气的季节，《杜鹃圆舞曲》用旋律为准妈妈和胎宝宝带来了春天的声音，听这首曲子，能让准妈妈感受到朝气和活力，胎宝宝也能受到乐曲的感染，体验到欢快的情绪。

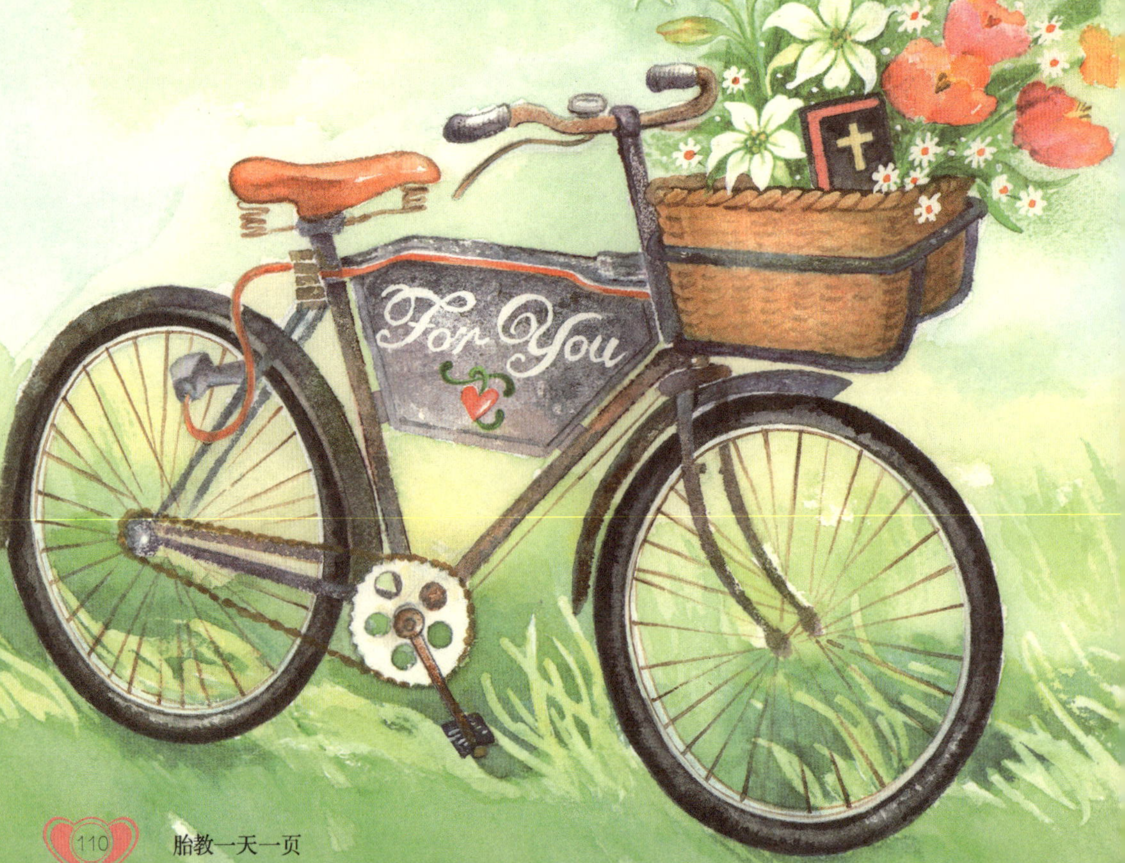

孩童之道

孩子为什么会来到这个世界上，成为你的宝贝？泰戈尔的《孩童之道》这首诗将带来一个不一样的答案，准爸爸准妈妈将从此对为人父母有全新的感受。

🌿孩童之道

如果孩子愿意，此时他就能飞上天堂。

他之所以没离我们而去，这不是没有原因的。

他喜欢将头靠在妈妈的胸间休息，一刻也不能忍受将视线离开她的身体。

孩子知道各种各样的乖巧话，尽管世间很少有人能理解这些话的含义。

他从来不说，这不是没有原因的。

他想要做的一件事，就是学习从妈妈嘴里说出的话语。那也是为什么他看起来如此天真的缘故。

其实，孩子拥有成堆的金子和珍珠，然而他却像个乞丐一样来到这个世界上。

他之所以以假扮的方式来，这不是没有原因的。

这个可爱的小小的裸露着身体的小乞丐假装成完全无助的模样，便是想向妈妈乞求得到爱的财富。

孩子如此无拘无束地生活在这小小的新月世界里。

他之所以放弃了他的自由，这不是没有原因的。

他知道在妈妈内心小小的角落里充满着无穷无尽的快乐，被妈妈亲爱的臂膀拥在怀里的甜蜜要远远超过自由的获取。

孩子从来不知道怎样哭泣，他居住在完美的乐土上。

他选择了流泪，这不是没有原因的。

尽管他带着微笑的可爱的小脸儿引动着妈妈的心向着他，然而他的因为细小的麻烦引起的小小的哭泣，却编织成了怜与爱双重约束的纽带。

——选自泰戈尔《新月集》

踢肚游戏

可别觉得玩游戏是出生后的孩子的专利，胎宝宝一样会做游戏哦。

胎宝宝在母体内有很强的感知能力，如果准爸爸已经能感受到胎宝宝在准妈妈肚皮上的动静，不妨经常跟胎宝宝做一做"踢肚游戏"。

妙趣横生轻轻拍

准爸爸轻轻拍打，或者用一根手指点准妈妈的肚皮，胎宝宝的背部和肢体感受到，就会做出不同的回应，有时候是蠕动，有时候是踢回来，还有时候一动不动，妙趣横生，这对胎宝宝的神经发育、肌肉和运动能力的发育都有帮助哦。

神秘刺激踢踢肚

如果发现胎宝宝在踢准妈妈的肚子，让准妈妈的肚皮鼓了包，准爸爸可以在胎宝宝刚踢过的地方轻拍一下，看看胎宝宝会给予怎样的回应。

如果在轻拍处，又是一脚，那不妨找个新的位置轻拍一下，看看胎宝宝能不能迅速反应并且找准位置。

说不定，未来的投球巨星就要被培养出来了哦。

这种奇妙的互动是亲子间特殊的沟通方式，当胎宝宝回应的时候，这种互动的感觉会让准爸爸和准妈妈都感觉特别开心。不过，如果胎宝宝出现躁动、乱动，让准妈妈感觉难受了的话，准爸爸可就不能再和胎宝宝进行这个游戏了。

蛋壳贴画

不用手绘，也不要贴纸，小小的鸡蛋壳碎也是非常棒的艺术品材料哦，只要有足够的耐心和想象力，加上一番创意，它也能变成一幅非常漂亮的装饰画。

准备材料：

蛋壳、毛笔、胶水、镊子、彩色水笔、彩色卡纸。

制作过程：

蛋壳去掉内膜，洗净晾干。

把图形拷贝到彩色卡纸上。

胶水放在碗中，加水稀释，用毛笔蘸胶水涂在彩色卡纸上，可涂得厚些，但不要太多。

掰一小块蛋壳放在胶水上，用镊子把蛋壳压碎，把蛋壳按照设计的图形排好。

蛋壳的裂纹可大可小，关键是边缘一定要对齐。

不同的部位可以用不同颜色的蛋壳粘贴。最后用彩色水笔勾边。

胎宝宝的样子

这一周，胎宝宝可以听到周围的声音了！他很喜欢准妈妈和准爸爸的说话声呢，多和胎宝宝说说话吧，他会安静地聆听的。

感官发育的关键时期

本周胎宝宝重200～240克，头臀长约18厘米，他的胳膊和腿已经与身体的其他部分成比例了，看起来很协调。现在是胎宝宝感官发育的关键时期：胎儿的大脑开始划分出嗅觉、味觉、听觉、视觉和触觉的专门区域，此时神经元的数量减少，神经元之间的连通开始增加。

听力发育，更偏爱准妈妈的声音

胎宝宝听力发育后，他首先听到的主要有准妈妈的血液流过血管的声音、胃部消化的杂音、准妈妈心脏跳动的声音，以及准妈妈的声音。研究显示，胎宝宝在学习分辨准妈妈与其他人的声音，并且很快会显示出对准妈妈的声音的偏爱。即当准妈妈说话时，他的心跳会减慢，说明胎宝宝放松下来了。准妈妈和准爸爸可以多和他说说话，增加一家人的亲密感。

开始分泌胎脂

胎宝宝体内的各个系统都在有条不紊地运作，肾脏继续产生尿液，腺体开始分泌出一种黏稠的白色油脂状物质，这就是胎脂。胎脂具有防水作用，可以更好地保护胎宝宝的皮肤。

子宫的迅速增大会不断拉伸支撑子宫的韧带——圆韧带，这会让准妈妈身体的一侧或两侧偶尔会出现短暂的刺痛感觉，这是正常现象，但如果痛得厉害，就需要去咨询医生了。

Day
128

✓ 胎教新知

遗传学

想象一下，将来宝宝像谁？从遗传学的角度来讲，准妈妈和准爸爸外貌的一些"精华"都会留给胎宝宝！

🌱 这些都会原封不动地"复制"

大眼睛：眼形是遗传的，而且大眼睛相对小眼睛是显性遗传的。如果父母一方是小眼睛，而另一方是大眼睛，生下大眼睛宝宝的可能性非常大。

双眼皮：如果准妈妈和准爸爸都是双眼皮，那胎宝宝大概率是双眼皮了。有的可能看起来像单眼皮，随着年龄的增长也会变。据统计，幼儿时双眼皮只有20%，中学时有40%，到大学时约占50%。

长睫毛：长睫毛是属于显性遗传，如果准妈妈和准爸爸的睫毛又长又卷，胎宝宝的睫毛将非常浓密。

皮肤：一般来说，皮肤会长得像准妈妈和准爸爸的"平均数"，但这并不是一成不变的，准妈妈在孕期的好的饮食习惯会让胎宝宝更有可能拥有白嫩的肌肤。

鼻子：如果准妈妈和准爸爸中有一个是鼻梁挺直的，胎宝宝的鼻梁很有可能符合准妈妈和准爸爸的期望。

🌱 想象一下，宝宝长成什么样

神奇的亲子遗传会让准妈妈和准爸爸在宝宝身上看到自己的影子，结合上面的细节，猜一猜宝宝会选择哪些特征来"复制"呢？想象一下胎宝宝的小模样吧，将脑中的样子画下来，或者用自己的话来描述一下，以后再回来看一定也别有一番趣味。也可以对着漂亮宝宝的照片，说说对宝宝的期望，这也是一种很好的美学胎教。

Day

129

✔ 趣味艺术

造型独特的瓶子

我们生活的这个世界到处充满了各种各样的美，人们通过各种功能器官来享受着这一切。只要是准妈妈能够感受到的美好，都可以传递给胎宝宝。

我们生活中随处可见各种瓶子，它们独特的造型和色彩都给人以美的感受。快来看啊，你见过这么漂亮的瓶子吗？

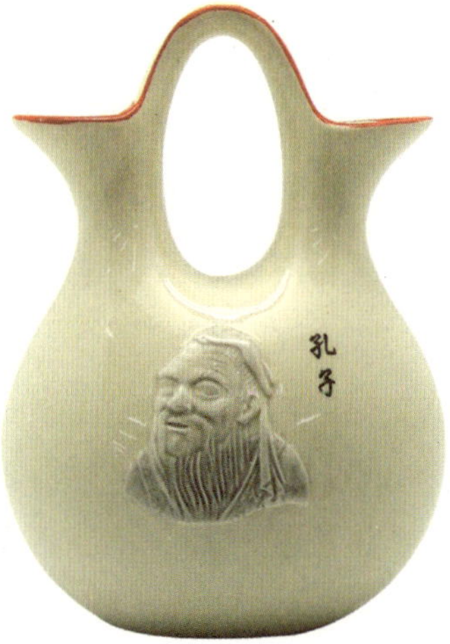

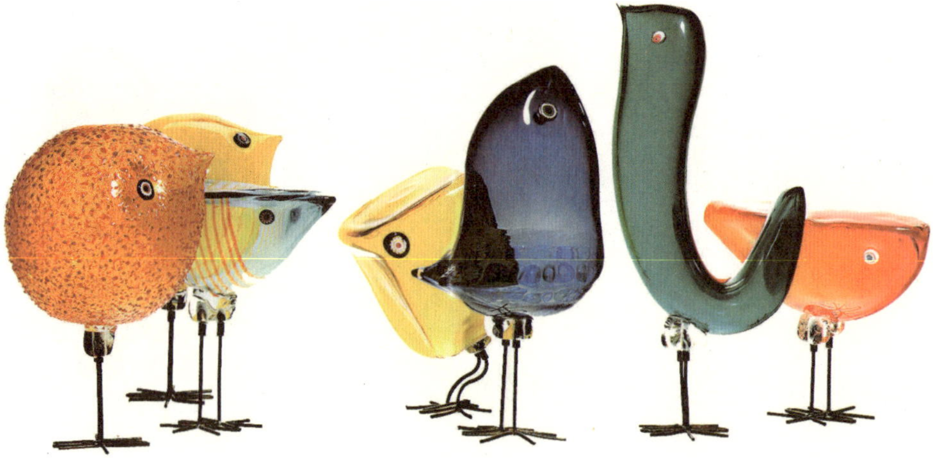

欣赏书法，沉静心灵

中国的书法艺术在艺林中独树一帜。当人们涉猎中国传统书法艺术时，总会感觉到中国的传统书法有一种独特的艺术语言，而且高深莫测。书法作品像蕴藏着丰富的宝藏一样，能把人们带进一个丰富多彩、神秘而和谐的精神世界。

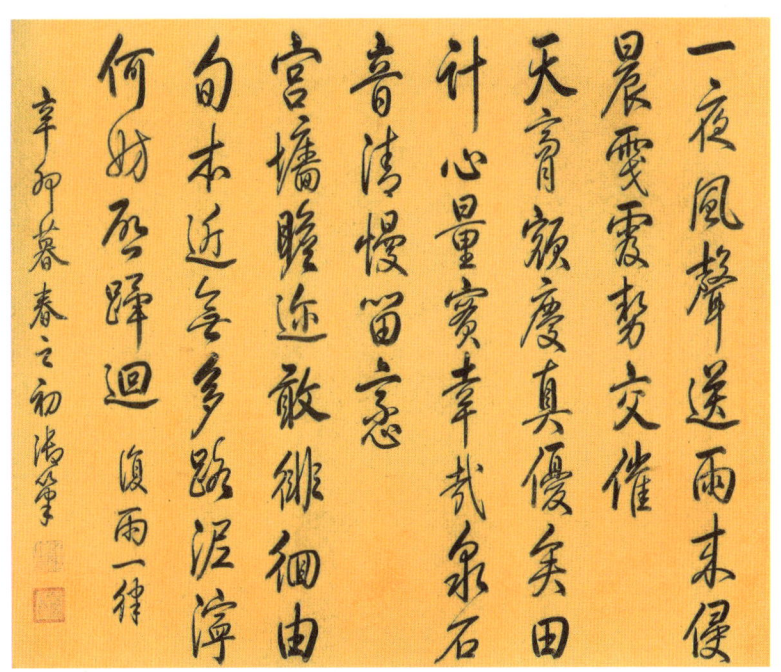

——清 乾隆《喜雨帖》

书法欣赏要充分发挥"注意"的作用。"注意"就是把意志放到某一方面，是心理活动对一定事物的指向和集中。人在"注意"时能清晰地观察、反映所追求的事物，而远离其他事物，这是一种积极的心理活动状态。准妈妈在欣赏书法作品时，一定要自己先感知其中的美好，然后用眼睛将书法的影像"拍"下来，默默地在头脑中重现，胎宝宝是可以感受到的。

西斯廷圣母像

这是拉斐尔最为成功的一副圣母像，温柔美丽的圣母踏着云朵渐入人们的视线，圣子的眼神中有孩童的懵懂清澈，却又不乏睿智，画面下方的小天使童稚可爱。这一切使观者的心灵仿佛受到了洗涤、净化和提升。

放牛班的春天

如果没有看过《放牛班的春天》这部电影，推荐准妈妈一定要看一看，如果看过，推荐准妈妈跟准爸爸一起再看一遍，会有特别不一样的感受。

🌱剧情介绍

音乐家克莱门特到了一间外号叫"塘低"的男子寄宿学校当助理教师，学校里的学生大部分都是难缠的问题儿童，性格沉静的克莱门特尝试用自己的方法改善这种状况，他重新创作音乐作品，组织合唱团，决定用音乐来打开学生们封闭的心灵。

即便只是听听电影中的音乐，也是好的，电影中的音乐真的非常好听，孩子们的声音天然而纯净，在这个影片中，我们可以看到音乐的力量，它可以改变一个人的生活，即使是最简单的音乐。

春天早就在那儿，

等候着我们到达，

它不是谁能够送给谁的，

如果我们迷了路，

最需要的将是一位微笑的领路人。

胎宝宝的样子

准妈妈的孕程已经走完一半啦——恭喜！胎宝宝已经越长越漂亮，活动也越来越频繁了，以后，准妈妈的子宫底每周会升高1厘米，而且几乎每天都能清楚地感受到胎动。

🌱骨骼发育开始加快

胎宝宝头臀长约19厘米，体重250～300克。胎宝宝皮肤开始增厚，发育成为四层，牙齿正在发育，骨骼发育开始加快，他的四肢、脊柱已经进入骨化阶段。胎宝宝很活跃，他在子宫中变换各种姿势，准妈妈可能因为胎动太频繁而无法入睡，因此尽量不要在临睡前激起胎宝宝的兴奋感。

🌱建立大脑信息网络

从胎宝宝的脑部开始，神经组织正被一层脂质保护层覆盖，这是胎宝宝走向成熟的重要一步，因为这样可使大脑发出和接受信息有方便的通道，建立大脑信息网，记忆与思维功能也在增强。神经和肌肉之间的联系也已经建立，当肌肉受到刺激收缩和松弛时，胎宝宝的肢体就可以围绕关节运动。

🌱形成一定的睡眠规律

胎宝宝能像新生儿一样时睡时醒了。如果准妈妈感觉某段时间胎动减少了，那很有可能是胎宝宝睡着了。睡眠规律将更利于准妈妈把握胎教的时间。现在，免疫抗体能通过准妈妈的血液转送到胎宝宝身体里，帮助胎宝宝在出生后的最初一段时间里抵抗疾病。

这周，准妈妈可以进行第三次产前检查了，这次检查医生可能会安排准妈妈做第二次B超，主要目的是看看胎宝宝的发育情况以及是否存在畸形，包括心脏和神经管。

小马过河

胎宝宝的听觉发育越来越完全了，今天，给这个躲在子宫里"窃听"的小人儿讲个故事吧。

有一天，妈妈把小马叫到身边说："小马，你已经长大了，可以帮妈妈做事了。今天你把这袋粮食送到河对岸的村子里去吧。"小马非常高兴地答应了。

他驮着粮食飞快地来到了小河边。可是河上没有桥，只能自己淌过去。可又不知道河水有多深呢？犹豫中的小马一抬头，看见了正在不远处吃草的牛伯伯。小马赶紧跑过去问到："牛伯伯，您知道那河里的水深不深呀？"

牛伯伯挺起他那高大的身体笑着说："不深，不深。才到我的小腿。"小马高兴地跑回河边准备淌过河去。他刚一迈腿，忽然听见一个声音说："小马，小马别下去，这河可深啦。"

小马低头一看，原来是小松鼠。小松鼠翘着她漂亮的尾巴，睁着圆圆的眼睛，很认真地说："前两天我的一个伙伴不小心掉进了河里，河水就把他卷走了。"

小马一听没主意了。牛伯伯说河水浅，小松鼠说河水深，这可怎么办呀？只好回去问妈妈。马妈妈老远地就看见小马低着头驮着粮食又回来了。心想他一定是遇到困难了，就迎过去问小马。小马哭着把牛伯伯和小松鼠的话告诉了妈妈。妈妈安慰小马说："没关系，咱们一起去看看吧。"

小马和妈妈又一次来到河边，妈妈这回让小马自己去试探一下河水有多深。小马小心地试探着，一步一步地淌过了河。噢，他明白了，河水既没有牛伯伯说的那么浅，也没有小松鼠说的那么深。只有自己亲自试过才知道。

小马深情地向妈妈望了一眼，心里说："谢谢你了，好妈妈。"然后他转头向村子跑去，心里别提有多高兴了。

姑苏繁华图

　　《姑苏繁华图》是清代苏州籍宫廷画家徐扬描绘苏州风物的巨幅画作，是继宋代《清明上河图》后的又一宏伟长卷。

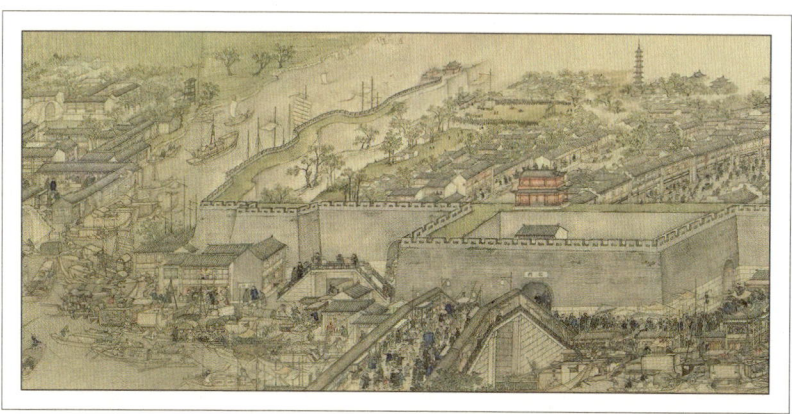

《姑苏繁华图》节选　清·徐扬

　　《姑苏繁华图》长 1 241 厘米，将二百多年前的乾隆时期最为繁盛的苏州城和江南的风物人情，呈现在后世观者的眼前。

　　打开徐扬《姑苏繁华图》长长的画卷，透过旧时墨色，走进两百多年前的繁华苏州，仿佛听见了古运河中阵阵橹声，山塘街上悠悠丝竹，以及街市上的往来喧嚣……

小蚂蚁的故事

小蚂蚁是一种非常勤劳的小动物，它们过群体生活，一起吃一起住，通过分工合作，它们可以完成个体无法完成的许多任务，给胎宝宝讲一讲可爱的小蚂蚁的故事吧。

勤劳的蚂蚁和忙于唱歌的蚱蜢

在晴朗的冬日，蚂蚁们正忙着翻晒夏天收集的粮食。

一只饥饿的蚱蜢走过来，恳切地向蚂蚁讨一点吃的。

蚂蚁问蚱蜢："你为什么不在夏天储存点粮食呢？"

蚱蜢回答道："那时候我一直在唱歌，没工夫干活。"

蚂蚁对蚱蜢说："你这样太傻了，整个夏天都被你唱过去，那么到了冬天，你就该从早到晚饿着肚子跳舞了。"

一只 14 世纪的蚂蚁带来的启示

14 世纪，有一位将军被强大的敌人打败了，他被迫躲进一个废弃不用的马槽里躲避搜捕，一只蚂蚁恰好也在马槽里忙着扛玉米粒，试图爬上一堵垂直的"墙"，将军的目光和心智被它吸引了。

那粒玉米的重量不知是蚂蚁体重的多少倍，也许不亚于人类去托一头大象吧！

第一次，玉米粒被它稍稍顶起，很快又掉下来，蚂蚁似乎连一丝的犹豫也没有，接着开始再次的努力，一次、两次、三次、四次……将军默默数到了第 69 次，这次玉米粒被蚂蚁顶上去了，但又掉了下来。将军想，蚂蚁不可能成功了，69 次的失败就是证明。就在这时，奇迹出现了，蚂蚁终于把那颗玉米粒推出了"墙头"。

将军被感动了，也找回了失落的自信心，后来重整军队，把敌人打得落花流水。

幽默小故事一则

幽默是营造良好情绪的有效方法，无论是发挥准爸爸自己的幽默感，还是给准妈妈讲一讲幽默小故事，都会起到很好的调节情绪的作用。

🌱 狒狒的雨伞

狒狒撑着一把雨伞在树林中散步，路上它碰见了长臂猿。

长臂猿非常热情地同它打招呼："你好啊，狒狒！好些天没见到你了，身体好吧？哟！这么大晴的天儿怎么打伞哪？"

狒狒回答说："我挺好的。我是为了防备下雨才拿的伞，可现在我躲在伞下享受不到明媚的阳光。"

长臂猿告诉它："你在伞上挖个洞，阳光不就照到身上了吗？"狒狒果然照办了，温暖的阳光照在身上好舒服啊！可是不一会儿倾盆大雨就落了下来，举着伞的狒狒和没拿伞的长臂猿顿时都被浇成了落汤鸡。

晨曲

《晨曲》是挪威作曲家爱德华·格里格为他的朋友易卜生的诗剧《培尔·金特》所创作的组曲的第一组曲的第一首。

乐曲的开始先由长笛吹奏出悠扬美好的晨景主题，幽静的晨曦中，金色的旭日冉冉升起。短暂的反复后，大提琴表现出一个灰色的乐句，仿佛是乌云的遮挡，叙述出整个主体的矛盾，对喷薄而出的激情的暂时掩盖反而更加突出了背后的希望。不断上扬的旋律由一个变奏开始渐轻，回到了主题的再现，稍稍地加以变化，增强了配器演绎的空间感。展开了初升的太阳完全跃出地平线的释然之感，希望洋溢在其间，仿佛能看到清晨的浓雾徐徐散去，一轮红日缓缓从地平线上冉冉升起，远方的山野孕育着勃勃的生机，清新空气围绕在你周围……

这首乐曲极富表现力，像是一缕宁静的阳光穿透心灵，朝阳、晨光、薄雾、河流配合着柔和的旋律，在弦乐上跳动，在管乐间流淌，展示着婉转的黎明，非常适合作为胎教音乐。乐曲篇幅不长，准妈妈若用心聆听，可以感觉到像是沐浴在海上吹来的平和晨风里，整个人被笼罩在一片阳光中。

准妈妈在焦躁不安的时候，不妨静下心来，安静地聆听这首乐曲，闭上眼睛去感受，那徐徐的微风、冉冉升起的太阳、缓缓流淌着的溪流会帮你赶走心头的紧张与焦虑。

第**6**个月

传递爱的信号

Day
141

✔ 胎儿发育

胎宝宝的样子

本周胎宝宝的听力进一步发育，他对外界的声音会更加敏感和好奇了。想想准妈妈说话时，有个小人儿在好奇地偷听，会是多么有趣的事情。

细节发育完美呈现

胎宝宝已经 21 周了，头臀长约 20 厘米，体重为 300 ~ 350 克。接下来的日子里，他的体重要开始大幅度增加了。胎宝宝身体的基本构造进入最后完成阶段，他的眉毛和眼睑都已经发育完全，手指甲已经覆盖住手指了，小手变得更漂亮了。

听力达到一定的水平

胎宝宝的脑部发育仍然很快速，大脑褶皱出现，小脑后叶发育，出现海马沟。在这个阶段，他可以把声音的信息传递到大脑，更能听懂你的话了，这是胎宝宝的中耳骨（人体最小的 3 块骨头）开始硬化，使声音能够传导的结果。准妈妈可以通过说话、唱歌或试试大声朗读和胎宝宝进行交流，促进胎宝宝大脑发育。

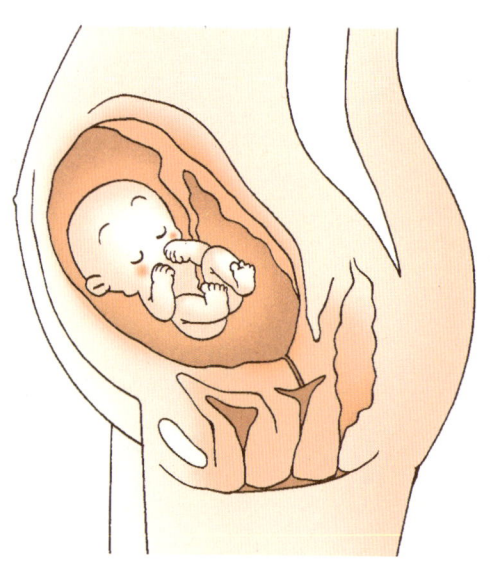

非常爱动的胎宝宝

胎宝宝现在非常爱动。研究显示，这一发育阶段的胎宝宝在 12 个小时内大概会活动 50 次，即使在睡觉的时候也是如此。也许胎动会影响准妈妈的睡眠质量，但值得欣慰的是，胎宝宝的这些活动都有助于刺激他身体和智力的发展。

Day
142

✓ 趣味艺术

晴天娃娃

动画片《聪明一休》中，一休的妈妈给了一休一个晴天娃娃，希望保佑一休平安，做一个晴天娃娃吧，体验做手工的乐趣。

🌱需要准备的材料

一块正方形的布（可选择自己喜欢的颜色）；一个乒乓球；彩色笔；绳子。

🌱制作步骤

1.先把布的四个边剪成浪花状，这样制作出的娃娃，更显活泼可爱。

2.把布平铺在桌上，将乒乓球放在布的正中央，抓起布的四角，把球包在正中央，做出头的样子，用绳子系好。

3.接下来给娃娃化妆，用彩色笔画笑眯眯的眼睛，红红的小脸蛋，弯弯的嘴巴，可爱的小晴天娃娃就做好了，可以把它挂到想挂的地方。

🌱儿歌：《晴天娃娃》

晴天娃娃，晴天娃娃，

但愿明天是个好天气。

如果是这样，就给你个金铃铛。

晴天娃娃，晴天娃娃，

但愿明天是个好天气。

如果是这样，就给你美味的菜肴。

晴天娃娃，晴天娃娃，

但愿明天是个好天气。

如果是这样，就和你一起出去玩。

晴天娃娃有自己的魅力，只要看到它灿烂的笑容，心情就会不由自主好起来，它能给人带来快乐。

补铁

怀孕期间，准妈妈的血容量可以增加 1 300 毫升左右，但增加的主要是血浆，能够携带、运送氧气的红细胞并不能按照相同的比例增加，可以说血液是被稀释了，红细胞显得特别不足，而铁元素是构成红细胞的主要原料，所以孕期对铁的需求量非常大。

🌱补铁食物很重要

补铁首要的是要多吃补铁的食物，含铁食物很多，比如小麦、黄豆、绿豆、蘑菇、木耳、畜肉、鸡蛋、动物肝脏、动物血、黑芝麻、花生、绿叶蔬菜、紫菜等，相对来说，畜肉、禽和鱼中富含更容易被准妈妈的身体吸收的血红蛋白铁，是最好的补铁食物。为防缺铁，准妈妈要合理膳食。

🌱适量补充铁制剂

仅仅依靠膳食供给，准妈妈的营养很可能不够，所以需要用适量铁营养制剂作为补充。

为提高铁的吸收利用率，在补充铁时，要注意摄入充足的叶酸和维生素 B_{12}。预防或纠正缺铁时的叶酸补充量要比预防胎宝宝神经管缺陷剂量大，具体要咨询医生。医生也可能建议服用维生素、铁剂和叶酸的复合制剂。

同时吃些富含维生素 C 的食物，如橙子、草莓或西蓝花等，有助于铁的吸收，帮助准妈妈补铁。

补充铁制剂的量要遵医嘱，过量容易引起便秘。

玩具

诗人因为有一颗童心而更能看见孩子，泰戈尔的这首《玩具》便是代表之一，"孩子，你真是快活呀，一早晨坐在泥土里，耍着折下来的小树枝儿"，看，这就是孩子，读一读这首诗，帮你回忆起更多你的孩童时光。

玩具

孩子，你真是快活呀，一早晨坐在泥土里，耍着折下来的小树枝儿。

我微笑地看你在那里耍着那根折下来的小树枝儿。

我正忙着算账，一小时一小时在那里加叠数字。

也许你在看我，想道："这种好没趣的游戏，竟把你的一早晨的好时间浪费掉了！"

孩子，我忘了聚精会神玩耍树枝与泥饼的方法了。

我寻求贵重的玩具，收集金块与银块。

你呢，无论找到什么便去做你的快乐的游戏，我呢，却把我的时间与力气都浪费在那些我永不能得到的东西上。

我在我的脆薄的独木船里挣扎着要航过欲望之海，竟忘了我也是在那里做游戏了。

——选自〔印度〕泰戈尔《新月集》

父子抬驴

这是一个寓言故事，它告诉我们一个道理，任何事物都不可能使人人满意。不要过分在意别人的看法，自己要有主见。"走自己的路，让别人说去吧！"

从前，有一对父子俩牵着驴子，一前一后打算去市场上卖，路上碰到的人们都笑话他们说："你们真傻，人走着，驴子闲着，干吗不骑着驴子呢？"父亲觉得说得对，就让儿子骑上，自己跟着。

过了一会儿，路过一个小村庄，村里一个认识父亲的人说："让儿子骑驴，你走着，这么宠他，要宠坏了。"父亲一听有道理，就让儿子下来跟着走，自己骑着驴。

又过了一会儿，碰到一个老太太，老太太斥责父亲说："哪有你这样当父亲的，太不像话了，让孩子走路，你自己骑驴。"父亲一听有道理，于是让儿子也骑到驴背上来。

这么一来，驴子负重大了，累得气喘吁吁，身子都开始打晃了，一位牧师看见了，叫住他们教训道："驴子这么弱小，却让它驮你们两个人，太残忍了。你看驴子都快累死了。"父亲一看，驴子果真累得不行了，就问牧师该怎么办，牧师说："你们俩把驴子扛着吧。"于是父子俩用绳子把驴子的四只脚捆起来，用棍子抬着走。

尽管驴子很重，累得父子俩腰酸背痛，但还是坚持抬着。如果再遇不到给他们建议的人，恐怕他们会一直把驴子抬到市场里去吧。

数数、撕纸

在孕期，最重要的胎教就是保持良好的情绪。当准妈妈遇到负面情绪难控制时，应该怎么做才能体现出自己对胎宝宝的爱呢？介绍两种特别实用的小方法，在情绪不好时，可以尝试一下。

🌿 数数

要生气或生气的时候感到心情不爽了，怎么办？先努力让自己从一数到十，尽量慢慢地数。只用短短的几十秒时间，心情很可能就会平复下来。数数的时候可以用意念告诉自己，肚子里的胎宝宝也想要平静下来呢。

🌿 撕纸

当有郁闷情绪需要排解时，准妈妈不妨试着将废纸撕成小条儿，坏情绪可能就会随着撕开的小条儿消散掉。可以在撕的时候告诉胎宝宝："宝宝，妈妈把不开心都撕掉了。"

负面情绪，诸如急躁、郁闷、愤怒、不安等，会影响到腹内的胎宝宝的情绪。胎宝宝会受准妈妈的情绪"传染"而变得不安，胎动会明显地增加，长期下去，胎宝宝体力消耗多，出生后就会比其他宝宝小，而且也影响到胎宝宝的良好性格的培养。

所以，要学会排解自己的负面情绪，让它们不占用自己好心情的领地，为胎宝宝创造一个愉悦的胎内成长环境。

胎宝宝的样子

胎宝宝现在很瘦，皮肤看上去又红又皱。耐心点，随着他的成长，他会越来越强壮的，来看看这周他有什么进步吧。

皮肤又红又皱的小可怜

本周，胎宝宝头臀长约21厘米，体重为350～400克，他的体重还处于大幅增加的阶段，但离脂肪把皮肤撑起来还有一段的距离，皮肤看上去还是皱皱的、红红的。透过皮肤，可以看见皮肤下的骨骼、内脏器官和血管。

有长牙的最初迹象了

胎宝宝的眉毛和眼皮都长出来了，眼睛正在不断地完善，现在虹膜（眼中的有色部分）仍缺乏颜色。他的嘴唇越来越清晰，恒牙的牙胚在发育，牙尖也出现在牙龈内，显露出长牙的最初迹象，不过他的第一颗牙齿长出来要到出生4～7个月。

生殖系统逐渐发育

胎宝宝的内脏器官一直都在井然有序地在工作中不断完善，一切都很完美。胎宝宝的生殖系统逐渐发育，男宝宝的精子初步形成。产生激素的重要器官——胰腺，也在稳步发育。

包围着胎宝宝的羊水每3～4小时就会通过准妈妈的身体完全地置换一次。因此，准妈妈需要每天喝6～8杯水来帮助羊水更换，让胎宝宝生活得更舒适。

拔萝卜

今天来给胎宝宝讲个经典又有趣的故事吧，可以准妈妈来讲，也可以由准爸爸来讲哦。

拔萝卜

从前有个白胡子老爷爷，在地里撒了一颗萝卜种子，过了一段时间萝卜种子长出了萝卜根，后来萝卜根上又长出了萝卜苗，萝卜根越长越大，老爷爷高兴极了。

到了萝卜成熟的季节，老爷爷带着铁锹来挖萝卜，老爷爷挖呀挖，怎么也挖不出来，老爷爷用手抓着萝卜叶，拔呀拔呀拔，也还是拔不出来。

老爷爷叫来了老奶奶，老奶奶拉着老爷爷，老爷爷拉着大萝卜，拔呀拔呀拔，还是拔不出来。

老奶奶叫来了小姑娘，小姑娘拉着老奶奶，老奶奶拉着老爷爷，老爷爷拉着大萝卜，拔呀拔呀拔，还是拔不出来。

小姑娘叫来了小花狗，小花狗拉着小姑娘，小姑娘拉着老奶奶，老奶奶拉着老爷爷，老爷爷拉着大萝卜，拔呀拔呀拔，还是拔不出来。

小花狗叫来了小花猫，小花猫拉着小花狗，小花狗拉着小姑娘，小姑娘拉着老奶奶，老奶奶拉着老爷爷，老爷爷拉着大萝卜，拔呀拔呀拔，还是拔不出来。

小花猫叫来了小老鼠，小老鼠拉着小花猫，小花猫拉着小花狗，小花狗拉着小姑娘，小姑娘拉着老奶奶，老奶奶拉着老爷爷，老爷爷拉着大萝卜，拔呀拔呀拔，大萝卜终于拔出来啦，所有的人和小动物都摔了个前仰后翻。

大家一起帮老爷爷把大萝卜"嘿哟！嘿哟！"抬回家。

孕妇操有助自然分娩

孕妇操可以增强准妈妈骨骼和肌肉的强度与柔韧性，防止由于体重的增加而引起的腰腿痛，还可以放松腰部、骨盆部与肌肉，并能够使准妈妈心情舒畅，精神受到鼓舞，为顺利分娩做好身体和心理上的双重准备。

腿部运动

1. 坐在椅子上，双腿与地面垂直，双脚并拢平放在地面上。

2. 脚尖用力往上翘，深呼一口气再吸气，脚尖放下。

3. 把右腿放在左腿上面，然后慢慢地上下活动右腿和右脚尖，5~6 次之后换另一条腿进行。

功效：这项运动能够使脚部肌肉得到锻炼，有效防止脚部疲劳。每次做 3~5 分钟即可。

骨盆运动

1. 平躺在床上，双腿与床面成 45 度角。

2. 两个膝盖并拢并带动大小腿慢慢地、有节奏地左右摆动，摆动时两个膝盖就像在画一个椭圆形，肩膀与脚掌则紧贴床面。反复做 10 次左右。

3. 伸直左腿，右腿保持原来的姿势，右腿膝盖缓缓地向左倾斜。

4. 倾斜到最大程度时恢复原位，之后再向右侧倾斜。如此反复 5~6 次以后，换腿进行。

功效：此项运动能够使关节得到放松，骨盆肌肉得到伸展，有助于分娩。每次可做 10 分钟左右。

准妈妈练习孕妇操时身体的供氧量会增加，保证有充足的氧气进入胎宝宝的血液，促进胎宝宝的新陈代谢，加快胎宝宝组织功能的形成；而且锻炼时的轻轻摇动对胎宝宝也是一种安抚，让胎宝宝感到舒服和安慰。

Little Tigers
（小老虎）

老虎是非常勇敢、非常威猛的动物，有很多准爸爸小时候都被人形容成虎头虎脑，就证明这些准爸爸小时候非常强壮，这首英文儿歌将小老虎比喻成小朋友，稚趣盎然。

Little Tigers	小老虎
Little tigers, little tigers.	小老虎，小老虎。
Run so fast, run so fast.	跑得快，跑得快。
Tell me where you're going.	告诉我你要去哪里。
Tell me where you're going.	告诉我你要去哪里。
Let me know, let me know.	我要知道，我要知道。
Little tigers, little tigers.	小老虎，小老虎。
Pass me by, pass me by.	从我身边跑过去，从我身边跑过去。
Have you lost your mama?	你是不是找不到妈妈？
Have you lost your papa?	你是不是找不到爸爸？
Tell me why, tell me why.	告诉我原因，告诉我原因。

魔术——变糖果

魔术充满了神秘感和趣味性，今天，准爸爸不妨来学习一个小魔术——从帽子里变出糖果来！

首先变这个魔术，得需要一张桌子，桌子的作用是要来挡住挂在桌子旁边的东西，比如糖果、苹果等，最好选一条和背景比较像的布，不至于被发现。

准备好后开始表演，表演时先交代帽子是没有秘密的，交代后把帽子放在桌子上，注意把帽口向下，放在挂东西的那块地方，之后展示自己手上没有东西，然后把帽子翻转拿上来时，顺势把糖果拿起放在帽子里面，做个魔术动作，从帽子里拿出糖果就可以了。

初恋五十次

这是一个关于失忆的故事，女主角的"脑库存"只有一天，每一天醒来的时候，记忆都会清掉。男主角每一天会花费心思去重新认识她，约会她，令她爱上自己，这样的爱情周期只有一天。

"年轻的时候会想要谈很多次恋爱，但是随着年龄的增长，终于领悟到爱一个人，就算用一辈子的时间，还是会嫌不够。慢慢地去了解这个人，体谅这个人，直到爱上为止，是需要有非常宽大的胸襟才行。"

"爱，就是在一起吃好多好多顿饭，也是在一起说好多好多句话，看好多好多部电影，还有好多好多个拥抱和晚安。"

"我喜欢你笑的样子。"

"我喜欢你逗我笑的样子。"

…………

故事看上去显得老套，但是那些一次次的细节让你作为一个观影者有很不一样的新鲜感，仿佛真的又一次初恋了。

从风景如画的夏威夷到白雪皑皑的阿拉斯加，跟着电影呈现的不同日子的场景，一起去期待一下，下一次邂逅会是什么场景吧。

Day
155

✓ 胎儿发育

胎宝宝的样子

胎宝宝现在睡的时间多醒的时间少，他睡觉的时候还会吸吮着自己的手指呢。准妈妈要注意自己的安全，不要惊动了他的好睡眠。

🌱 可爱的"红孩儿"

本周，胎宝宝头臀长 22 厘米左右，体重 500 克左右，骨骼和肌肉已经长成了，身材也比较匀称。胎宝宝的皮肤是透明的，可以看见皮肤下的骨骼、内脏器官和血管，看上去像个"红孩儿"，他真正的肤色会在出生后的头一年表现出来。

🌱 视网膜成形，能模糊看见东西了

这一周，胎宝宝的视网膜已形成，因而具备了微弱的视觉，可以模糊地看见东西了。这个时候，胎宝宝的听力基本形成，经过一段时间的练习，他对准妈妈的声音已经非常熟悉，多和他说说话吧，不过外界突如其来的大声响还是会惊吓到他。

🌱 肺部正在为呼吸做准备

胎宝宝肺部的组织及血管正在发育当中，呼吸系统正在快速建立，为他的呼吸做准备。为了锻炼呼吸功能，他在不断地进行着吞咽动作。但胎宝宝肺部完全发育还要再等几个月，肺是胎儿最后发育完善的器官。胎宝宝的心跳每分钟有 120～160 次，非常有力，如果直接将耳朵贴着腹部，就可能会比较清晰地听到胎心搏动。

随着腹部的隆起，准妈妈现在"孕味十足"，穿上准备好的孕妇装吧，这会让准妈妈更具有时尚感，对自己更有信心。应对悄然出现的水肿、小腿抽筋等新的不适也能更从容。

丑小鸭

理想人人都有，奋斗人人都会，但在逆境中坚持不是人人都能做到的，多少人在逆境中会丧失信心从而改变自己原有的理想，而丑小鸭没有放弃，它最终完成了蜕变，迎来了美好的未来。

在一个非常美丽的乡下，有森林、小溪和一座漂亮的房子，这是贝拉拉的家。贝拉拉家养了一只鸭子、一只小鸡，还有一只猫。

这只鸭子很快就变成鸭妈妈了，因为她的小鸭子一个接一个从蛋中蹦出来了，变成可爱的、毛绒绒的小鸭子，它们还"啾，啾！"地叫，鸭妈妈"嘎，嘎"地回答它们，好像在说："好美丽的世界啊！"

可是还有一个大的鸭蛋没有裂开，于是鸭妈妈继续坐在巢里，终于这枚大蛋裂开了，出来一只又大又丑的鸭子，和其他小鸭子不一样。鸭妈妈想：这小家伙会不会是火鸡呢？

鸭妈妈想了一个办法，这一天阳光明媚，非常暖和，它带着孩子们去游泳。鸭妈妈扑通跳进水里，小鸭子们也一个接着一个跟着跳下去。水淹到了它们头上，但是它们马上又冒出来了，游得非常漂亮。它们的小腿很灵活地划着。它们全都在水里，连那个丑陋的灰色小家伙也跟它们在一起游。真好！它不是火鸡。小鸭子们跟着妈妈游得很开心，这一天很顺利。

可是过了几天，小鸭们都啄这只丑鸭子，而且情况一天比一天糟。大家都要赶走这只可怜的小鸭，连它自己的兄弟姊妹也对它生气起来。它们老是说："你这个丑妖怪，希望猫儿把你抓去才好！"

有一天丑小鸭看见蓝天上飞过一群白天鹅，丑小鸭美慕极了。它想：要是我也能拥有一双像白天鹅一样又宽又坚硬的翅膀该多好呀！那样，我就能飞到外面的世界去看看。

丑小鸭慢慢长大，终于它离开了家，到了第二年春天，丑小鸭长大了，它也不再是那只灰色的丑小鸭，它有雪白的羽毛，变成了一只白天鹅。这一天丑小鸭在河里游泳，天空中一群白天鹅飞过，它们和丑小鸭打招呼，很快它们就成了好朋友，一起游过一条小河，不知不觉来到了贝拉拉家的附近。小鸭们认出了丑小鸭，心里五味杂陈。鸭妈妈高兴地为丑小鸭祝福，看着丑小鸭和白天鹅们越飞越高、越飞越快、越飞越远……

——选编自《安徒生童话》

子宫日记

当精子遇上卵子，人类生命的神奇旅程就此开始，
这次却发生了更不寻常的事情……

　　全球每年有 1.3 亿女性要走过这段怀孕、生产的道路，越了解这段过程，就越能大幅减低风险。研究指出，看见胎宝宝在子宫内的脸庞与表情，是非常震撼的体验，早期建立情谊，有助于出生后宝宝的发育，以及宝宝与父母的长期关系。

　　《子宫日记》纪录片，为子宫开了一扇窗，将原本子宫内从未被人得知的世界，展示在人类眼前。

　　人体最大的细胞"卵子"与"精子"相遇的那刻起，从新生命创造的第一天直到破茧而出的第三十八周，完整纪录生命神奇的发展历程。

　　在纪录片里，我们可以见识到胎儿心脏第一次跳动、肌肉如何抽搐、何时有感觉、何时张开双眼等画面，清晰地纵览整个孕之旅程。

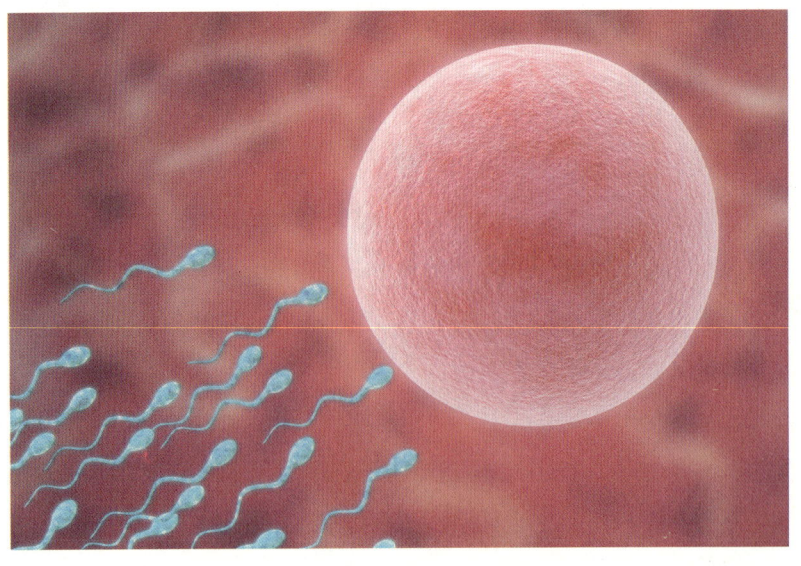

趣味儿歌

准爸爸可以选择有趣的儿歌念给胎宝宝听，这些富有趣味性的歌词能让准爸爸耳目一新，获得不一样的胎教体验，熟悉这些，也可以为以后和出生后的宝宝的互动储备素材哦。

什么叫

小狗，小狗，汪汪汪。

小鸭，小鸭，嘎嘎嘎。

小羊，小羊，咩咩咩。

小猫，小猫，喵喵喵。

宝宝，宝宝，妈妈妈。

鹅

一只鹅，走来走去多寂寞。

两只鹅，拍拍翅膀唱唱歌。

三只鹅，排着队伍下了河。

一群鹅，嘎嘎嘎嘎真快活。

蒲公英

蒲公英，蒲公英，

坐着飞机去旅行。

飞到西，飞到东，

一飞飞到高山岭。

穿白云，驾春风，

跳下满天小伞兵。

落了地，发了芽，

大地开满蒲公英。

五折花团

剪纸是一项很好玩的手工活动，只需要简简单单几张彩纸，就可以剪出可爱图案来，这就是剪纸艺术的魅力。准妈妈来动动手吧。

🌱 五折花团剪纸方法

五折花团是一种基本的剪纸花型，美观大方，简单易学。

工具、原料：剪刀、正方形红纸。

步骤：

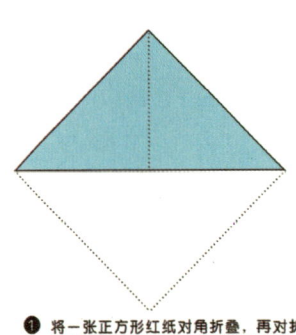

❶ 将一张正方形红纸对角折叠，再对折一次，找到中心点后展开，恢复到三角形状态

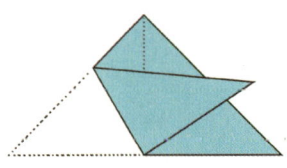

❷ 以三角形底边中心点为界，再对折留出与底边垂直线夹角大约36度的位置

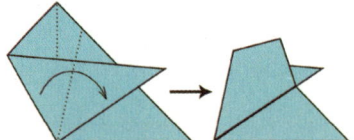

❸ 将第2步对折的部分再对折一次

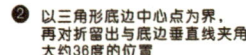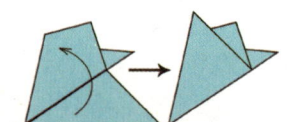

❹ 预留部分与对折部分重合，成为5等份锐角，每份约36度

❺ 随意剪出适形纹样

❻ 打开后如图

Day
160 ~ 161

✓ 美妙音乐

梦幻曲

整个孕期，都可以听一些既柔和而又充满希望的乐曲，今天，我们来听听《梦幻曲》吧。

《梦幻曲》是德国音乐家罗伯特·舒曼的钢琴套曲《童年情景》中脍炙人口的一支乐曲。《梦幻曲》拥有柔美如歌的旋律，各声部完美的交融以及充满表现力的和声语言，刻画了一个童年的梦幻世界，表现了儿童天真、纯洁的幻想。

听者随着柔美平缓的主旋律，正如进入沉思的梦境，在梦幻中出现美丽的世界，在那梦幻中升腾，就像是进入一层比一层更美丽、更奇异的梦境中，仿佛看见了一个圣洁的小天使，那期盼了许久的可爱小宝宝向我们走来。

随着《梦幻曲》旋律的变化，听者能在梦幻中从一幅图景又转入到另一幅图景，然后在曲调渐渐安静下来的时候，腹内的胎宝宝可能在这无限深清和充满诗意的曲子中安然酣睡了。

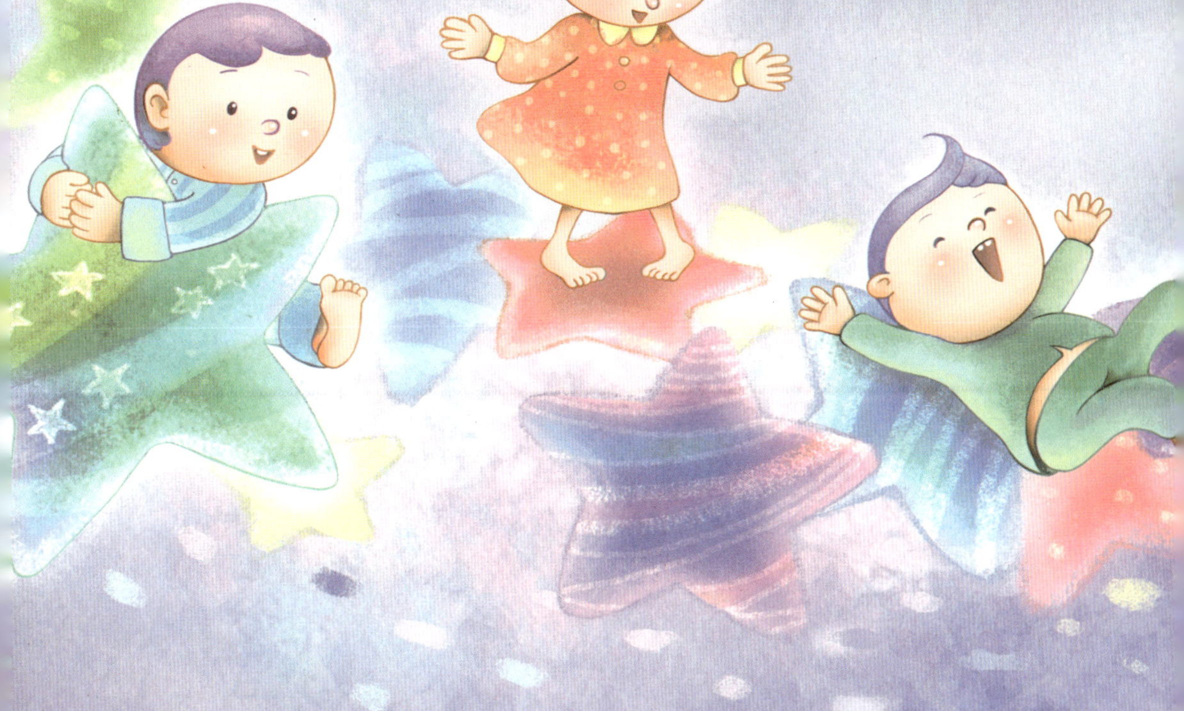

胎宝宝的样子

现在胎宝宝身体生长速度渐渐放慢，但他并没有偷懒，他的神经系统及各器官都在努力生长，正逐步变成有意识的、有反应的小人儿，小舌头也可以尝出甜味和苦味了，胎宝宝天生爱吃甜味呢。

🌿开始充满子宫空间

本周，胎宝宝的体重有 500 ~ 580 克，头臀长约 23 厘米，他正在稳定、协调地生长。胎宝宝现在看上去仍然很瘦，但他开始充盈整个子宫腔了。

🌿小舌头可以尝出味道了

胎宝宝的大脑持续发育，大脑内部的神经数目已经接近成人，并且连接成形。随着大脑的发育，胎宝宝的味蕾也在发挥作用了，能够区别苦味、甜味了。此外，大脑对视觉和听觉系统开始有反应，他的大脑开始有意识了，但是和其他所有系统一样，大脑的这种意识还需要得到更多的锻炼，可以多给胎宝宝说说话、唱唱歌等。

🌿肺部"呼吸树"开始分支

胎宝宝的肺里面正在发育着"呼吸树"的"分支"和负责分泌表面活性剂（一种有助于肺部肺泡更易膨胀的物质）的肺部细胞，呼吸功能越来越完善，在本周末，如果出现早产，在精心的护理下，胎宝宝成活的概率很大。

本周准妈妈可以预约孕期的第四次产前检查了，在这次检查中，医生会安排准妈妈做一次妊娠期糖尿病筛查，排查妊娠糖尿病的风险。

Day
163

✔ 胎教新知

如何晒太阳

阳光是万物生长的能量之母。适当晒晒太阳，对准妈妈的体质和胎宝宝的体质提高都很有帮助。最重要的是，紫外线能使皮肤中的7-脱氢胆固醇转变为维生素D，促进体内钙、磷的吸收利用，有利于胎宝宝骨骼发育强壮，孩子将来站立、行走等运动都会受益。

🌱如何晒太阳呢？

1.一般来说，早晨6点至10点，下午4点至5点这两段时间最适合晒太阳。此时阳光中的红外线强，紫外线偏弱，可以起到活血化瘀的作用。不过夏天下午四五点的时候，有些地区的太阳还很强烈，可以适当往后顺延一下时间。

2.地点选择。要选择空气清新、与自然接近的地点。如公园、花园等地。如果居住在城市，家里离着适宜的地方较远，那么在外出时，一定要避开上班的高峰期，且要有人陪同。

3.防晒。首先，科学地选择晒太阳的时间，可以避免过度照射太阳光带来的伤害。另外，如果阳光过于强烈，也要注意防晒。不建议涂抹防晒霜。可以穿上红色的衣服，红色服装的辐射长波能把杀伤力很强的短波紫外线"消灭"掉。

4.晒太阳时要注意眼睛不要总盯着光线亮的地方，以免损伤眼睛。如果觉得阳光强烈，不妨戴上太阳镜和遮阳帽。

一般来说，夏天每天晒半小时，冬天每天晒太阳不少于1小时是比较合适的日光浴时长。

在天晴了的时候

今天，朗诵一首经典的诗歌——《在天晴了的时候》吧，诗中描述的让人心旷神怡的美景，也许能让被孕期不适困扰的准妈妈豁然开朗呢。

在天晴了的时候

在天晴了的时候，该到小径中去走走：

给雨润过的泥路，一定是凉爽又温柔；

炫耀着新绿的小草，已一下子洗净了尘垢；

不再胆怯的小白菊，慢慢地抬起它们的头，

试试寒，试试暖，然后一瓣瓣地绽透；

抖去水珠的凤蝶儿在木叶间自在闲游，

把它的饰彩的智慧书页，曝着阳光一开一收。

到小径中去走走吧，在天晴了的时候：

赤着脚，携着手，踏着新泥，涉过溪流。

新阳推开了阴霾，溪水在温风中晕皱，

看山间移动的暗绿——

云的脚迹——

它也在闲游。

——戴望舒

手指谣

还记得小时候的手指童谣吗？手指童谣可不只是念儿歌玩游戏打发时间那么点意义哦，孕期经常做一做手指活动有利于促进胎宝宝的健康发育。

今天，就与准妈妈一起念着童谣做手指游戏吧！

1

一个手指点点点（伸出一个手指轻点肚皮，也可以轻点准爸爸的头部）。

两个手指敲敲敲（伸出两只手指在肚皮上或准爸爸身上轻敲）。

三个手指捏捏捏（伸出三只手指在准爸爸身上轻捏）。

四个手指挠挠挠（伸出四只手指在肚皮上轻挠）。

五个手指拍拍拍（两只手对拍）。

五个兄弟爬上山（从肚皮底下或准爸爸身上作爬山状爬上来）。

叽里咕噜滚下来（双手翻滚着滑下去）。

2

小手摊开，咱们来包饺子吧（伸出左手手掌）。

擀擀皮（右手在左手上做擀皮状）。

和和面（右手手指立起在左手手掌上做和馅的动作，就像手指在抓挠）。

包个小饺子（说一个字，用右手食指依次点着左手的手指）。

香喷喷的饺子给谁吃（用右手把左手指包起来，盖住，问肚子里的胎宝宝）。

饺子送给宝宝吃（把手放到肚皮前）。

饺子送给爸爸吃（把手放在准爸爸面前）。

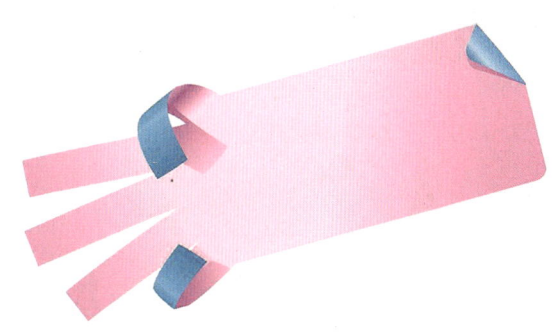

乘着歌声的翅膀

本曲创作于1836年。当时门德尔松在杜塞尔多夫担任指挥，完成了他作品第34号的六首歌曲，其中第二首《乘着歌声的翅膀》是他所作的独唱歌曲中流传最广的一首。

这首曲是门德尔松为诗人海涅的一首抒情诗所谱。全曲以流畅的旋律和由分解和弦构成的柔美的伴奏，描绘了一幅温馨而富有浪漫主义色彩的图景。乘着歌声的翅膀，跟亲爱的人一起前往恒河岸旁，在开满红花、莲花、玫瑰、紫罗兰的宁静月夜，听着远处圣河发出的潺潺水声，在棕榈树林中饱享爱的欢悦、憧憬幸福的梦。

乘着歌声的翅膀，
心爱的人，我带你飞翔，
向着恒河的原野，
那里有最美的地方。
一座红花盛开的花园，
笼罩着寂静的月光，
莲花在那儿等待
它们亲密的姑娘。
紫罗兰轻笑调情，
抬头向星星仰望；
玫瑰花把芬芳的童话
偷偷地在耳边谈讲。
跳过来暗地里倾听
是善良聪颖的羚羊；
在远的地方喧腾着
圣洁的河水的波浪。
我们要在那里躺下，
在那棕榈树的下边，
吸引爱情和寂静，
沉入幸福的梦幻。

——〔德〕海涅

✔ 调出好情绪

冥想

　　冥想是瑜伽中的一项重要的内容，时常静下心来冥想，这将帮助准妈妈缓解压力和紧张感，使恐惧、焦虑、忧郁等不良情绪消散，并保持好心情。此外，它还能帮助准妈妈开发潜在的心灵智慧，提高专注力和洞察力，让心灵变得纯净起来，并产生新的活力，从而使身心变得平和。

准备活动：深呼吸

　　首先，要注意穿宽松的衣服，不要使用过浓的香水，容易导致注意力分散。

　　深呼吸在很多时候都十分管用，在进入冥想前，准妈妈也可以先做一做深呼吸，让自己更放松。深呼吸时如果方法不当，引起头晕等不适感受，需要赶紧停止。

现在，开始冥想吧

　　想象自己正置身于美景之中，脚下是柔柔的沙滩，天很蓝，阳光很温暖，准妈妈能听见海浪拍打沙滩的声音，听着海鸥的叫声，呼吸着空气中咸湿的气味，你正沿着海滩漫步，轻抚腹部时，想象胎宝宝是不是也听见了海浪的声音呢。

想象可以多样化

　　森林、瀑布、胎宝宝的样子等都可以作为准妈妈的想象对象，只要这种想象能唤起视觉、触觉、听觉和嗅觉的共鸣，且让准妈妈身心放松，什么事物都可以。

第7个月

听，外面的世界

胎宝宝的样子

现在进入孕 7 月了，胎宝宝的大脑进入新的发育高峰期，将更加趋于成人啦。准妈妈可以继续多吃一些促进胎宝宝大脑发育的食物，让他更加聪明。

🌱 开始长胖的小宝宝

胎宝宝的体重可以达到 600 ～ 700 克，头臀长有约 24 厘米了。胎宝宝皮下脂肪开始增多，慢慢长胖了，他皱皱的皮肤也开始舒展开来，看起来更加饱满。这时候他在子宫中已经占据了相当大的空间，并开始充满整个空间。

🌱 大脑发育又进入高峰期

从本周开始，胎宝宝的大脑发育进入新的高峰期，在接下来的 4 周时间里，他的脑沟脑回逐渐增多，大脑皮质面积也逐渐增大，胎宝宝的意识越来越清晰，对外界刺激也越来越敏感，准妈妈可以多给他一些锻炼，各种胎教都要坚持不懈地进行，以促进他大脑的快速发育。

🌱 开始显现头发的颜色

这一周，胎宝宝完全不着色的头发开始显现出颜色，准妈妈可以多吃一些坚果类的食物，让他的发质（包括颜色和质地）变得更好。胎宝宝正在努力吞咽着羊水，这对他的消化系统很有好处。他还在制造胎粪——一种黑色的、黏糊糊的物质，由死细胞、消化道分泌物和吞咽的羊水组成。

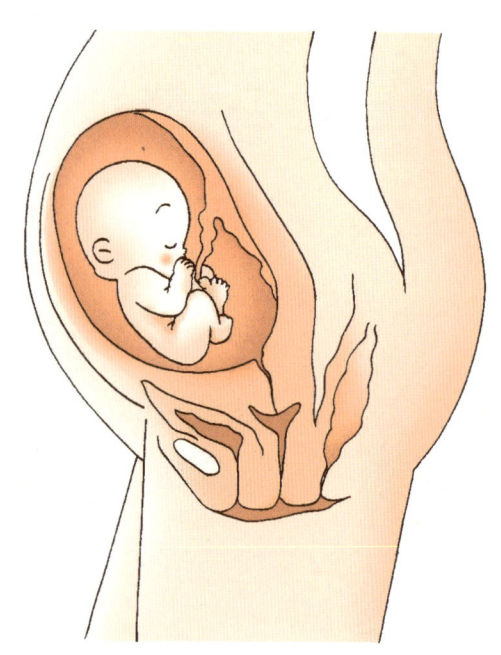

Day
170

✔ 胎教新知

凯格尔运动

凯格尔运动是一套可以用来增强骨盆底肌肉力量的练习，可以减轻尿失禁，还能预防痔疮，加快会阴侧切或会阴撕裂愈合，还能增强阴道的弹性，这对顺产非常有利。准妈妈可以从任何时候开始练习，并一直坚持下去，它将让你一生受益。

找到骨盆底肌肉

紧闭并提拉阴道和肛门，感觉到收紧的那部分肌肉就是骨盆底肌肉。准妈妈可以想象一下，忍住放屁或在小便时突然中断尿流是一种什么感觉。

开始练习

找一个让自己舒服的姿势，收紧骨盆底肌肉，数 8 ～ 10 秒，放松几秒，然后再收紧，就这样反复重复同样的动作。

在练习的过程中，注意保持身体其他部位的放松，不要收紧腹部、大腿和臀部，将手放在肚子上，帮自己确认腹部肌肉是否放松。

任何运动都是循序渐进的，刚开始时不要急于做太多，随着肌肉弹性的不断增强，可以逐渐增加每天练习的次数，并延长每次收紧骨盆底肌肉的时间。

这个运动不需要工具和特定场所，只要空闲下来，集中注意力即可，每天做3次，每次3～4组，每组10次动作。

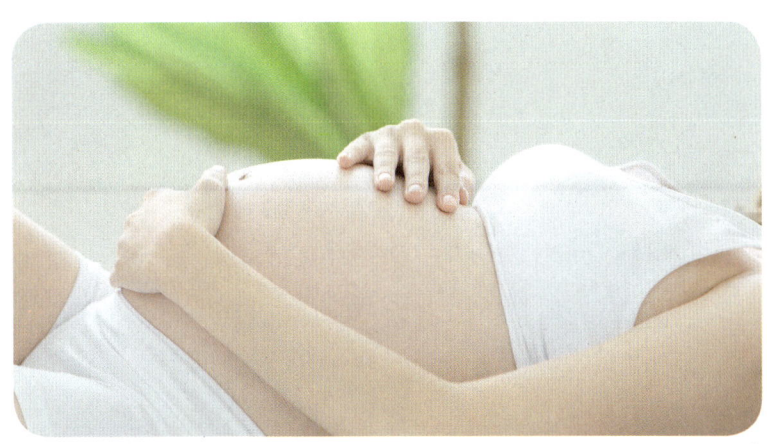

Day
171

✔ 美妙音乐

百鸟朝凤

《百鸟朝凤》是唢呐曲，它以热情欢快的旋律，生动描绘了百鸟和鸣、气象万千的自然景象，表现出人们对大自然的赞美和热爱之情。

这是一首特别适合准妈妈在孕中、晚期给胎宝宝听的乐曲，因为它不仅描绘了大自然中百鸟和鸣的景象，有助于准妈妈舒缓不良情绪。其中还模拟了林中各种禽鸟的叫声，仿佛把人带入了大自然中。

这种原声的模拟给胎宝宝听，能直接刺激胎宝宝的听觉，有助于胎宝宝的智力发育。

准妈妈在与胎宝宝共同欣赏这首乐曲时，若能一边听一边给胎宝宝描述林中百禽的叫声和欢快的场面，则对胎宝宝的智力发展更有利。

插花

　　插花是一门与插花人的喜好和欣赏风格关联性很强的艺术，孕期插花可以帮助准妈妈镇静心绪、培养情操，是特别好的胎教方式，准妈妈完全可以根据自己的风格来插出自己的作品来。在周末闲着无事时，不妨试一试哦。

蔬果插花

　　材料：柿子椒 1 个（或苹果、西红柿等），花泥 1 块，牙签数支，樱桃数个，满天星数枝，小雏菊数朵（或其他鲜花）。

　　步骤：

　　1. 将柿子椒横刀切成两半，泡一小块花泥。

　　2. 将泡好的花泥切成略小于柿子椒横切面的大小，用牙签固定在两块柿子椒的中间。

　　3. 将修剪好的满天星转圈围插到柿子椒四周的花泥中，再将樱桃插入花泥，最后插入小雏菊，注意插花时要用花朵将花泥遮挡起来。

纸筒插花

　　材料：废弃纸筒一个（茶叶筒、饼干筒等），试管数支（可用玻璃杯代替），小菊花数枝，龟背竹两片（可用栀子花叶代替）。

　　步骤：

　　1. 将装好水的试管一一放进纸筒里，装满纸筒为止。

　　2. 将修剪好的小菊花一一插入试管中，摆出自己喜欢的造型。

　　3. 将龟背竹插放到小菊花枝叶间，遮住纸筒口，调整到看不到试管。

小时候的我

　　还有两个多月宝宝就要出生了，他将要开始自己的生活，经历一段快乐的幼年和童年时光，相信想到这里准爸爸和准妈妈一定对这样的生活充满了期待。

　　准爸爸试着跟准妈妈一起，回忆一下自己小时候的生活吧。

那些和一大群小朋友一起玩到天黑的日子，

那些跳皮筋、丢沙包、跳房子的故事……

　　准爸爸将记忆中的这些美好情景讲出来，与胎宝宝一起分享，还可以邀请胎宝宝的外公外婆或者爷爷奶奶，讲一讲自己或者准妈妈更小时候的事情，很可能彼此都是第一次听到这些事情呢。

当幸福来敲门

有人富有，有人贫穷，可是我们每个人都被赋予生活的权利，无论身处何处，是何境地，我们都可以寻找快乐和幸福。

准妈妈可能时常会抱怨生活太单调太乏味，没有一波三折、跌宕人心的故事发生，每天柴米油盐酱醋茶的日子太普通，太无意义，但法国作家加缪曾这样描述幸福，他说：人生越没有意义越值得过下去，如果真的有大起伏发生，那个时候我们期待的，往往就是这种没有意义的日子，这就是幸福。

威尔·史密斯主演的《当幸福来敲门》，特别值得一看，尤其是跟准爸爸一起看。

这部影片也被译为《寻找快乐的故事》，主人公坚信，幸福明天就会来临，他常对孩子和妻子说："我们一定会好起来，我们一定能够好起来的！"幸福的家庭和孩子是他真正的信仰，这是一个充满父爱温暖和坚定信念的故事。

胎宝宝的样子

在这个时期，胎宝宝悄悄发育的味蕾已大致形成，开始呷巴着小嘴品尝起羊水的味道了。此时，准妈妈的饮食会更加影响到他对食物的判断，准妈妈一定要注意饮食均衡，给胎宝宝树立一个好榜样。

体重开始稳步上升

此周胎宝宝的体重可达 700 ～ 900 克，头臀长平均约 25 厘米了，从现在到出生，随着胎儿脂肪的迅速累积，他的体重会增长 3 倍以上，准妈妈的子宫将进一步增大。

胎宝宝的味蕾已经形成

从这个月开始，胎宝宝味觉就开始发挥作用了，尤其是对甜味与苦味的感觉最为敏感，例如，胎宝宝在尝到甜味时会做吸吮动作，尝到苦味时会做出表示讨厌的吐舌头的动作。此时，准妈妈的饮食结构会通过神经在他的大脑里留下深刻的"印象"，因此，饮食均衡不仅是准妈妈和胎宝宝健康的保证，也将对胎宝宝日后的饮食习惯起到很好的引导。

开始练习呼吸动作

胎宝宝开始做一些呼吸动作了，尽管他的肺里并没有空气，这是为他出生后第一次呼吸空气打基础的练习。胎宝宝的感官发育现在非常迅速，耳中的传导神经正在发育，他对声音的反应将会更为一致。

饮食多样化是饮食均衡的基础，准妈妈可以每天多吃几种食物，在给胎宝宝补充营养的同时，避免他形成挑食的坏习惯。

Day
177

✓ 科学营养

防治妊娠高血压

妊娠高血压是怀孕期间特有的症候群，通常发生在怀孕 20 周以后，由于妊娠高血压的病因不明，不能做到完全预防其发病，准妈妈应在预防行动上更加积极，除了要加强产前检查，还要在饮食调理下功夫。

保证钙的摄入量

钙的摄入在妊娠高血压的防治中具有不可低估的意义，准妈妈应保证每天喝牛奶，或吃大豆及其制品和海产品，到了孕晚期的时候及时补充钙剂。

增加蛋白质的摄入

禽类、鱼类蛋白质可调节或降低血压，大豆中的蛋白质可保护心血管。因此，多吃禽类、鱼类和大豆类可改善孕期血压。但肾功能异常的准妈妈必须控制蛋白质摄入量，避免增加肾脏负担。

限制饱和脂肪酸的摄入

每日摄入脂类总量需控制在 60 克以下，特别要限制饱和脂肪酸和胆固醇的摄入，动物脂肪与植物脂肪应保持在 1 或小于 1 的比值。在脂类的摄入上，以菜油、豆油、玉米油、花生油等植物油为主，另外，鱼油也有改善血管壁脂质沉积的作用，对防治妊娠高血压有益。

热量摄入要控制

控制体重正常增长，特别是孕前超重的准妈妈，尽量少吃或不吃糖果、点心、甜饮料、油炸食品及高脂食品。

多吃蔬菜和水果

保证每天摄入蔬菜和水果 500 克以上，但要注意蔬菜和水果种类的搭配。

食盐摄取要适度

每天吃盐宜控制在 2～4 克，酱油不宜超过 10 毫升；不宜吃咸食，如腌肉、腌菜、腌蛋、腌鱼、火腿、酱菜等，更不宜吃用碱制作的食物。

Day
178

✔ 调出好情绪

宝宝在微笑中长大

微笑是开在嘴角的两朵花，就像水的波纹，荡漾开，流淌到心间。

良好的心态，融洽的感情，是幸福美满家庭的重要条件，也是达到优孕、优生的重要因素。一个充满欢声笑语的家庭必然是幸福的。

我们都喜欢看见微笑的脸。腹中的胎宝宝虽然看不见准妈妈的表情，却能感受到准妈妈的喜怒哀乐。所以，准妈妈们每天都开心一点吧，不要吝啬你的微笑。这必会让胎宝宝安然舒适地在子宫内发育成长，成长得健康、聪慧。

准爸爸也应该为胎宝宝创造一个安定、舒适的环境，始终保持开朗、乐观的心情，并在精神上给准妈妈以安慰。怀孕期间，不仅准妈妈要常常微笑，准爸爸也要常常微笑，因为你的情绪常常影响着准妈妈的情绪。准妈妈的良好心态，会传递给腹中的胎宝宝，让胎宝宝也快乐。

木兰诗

《木兰诗》是著名的汉乐府诗歌，流传甚广。其语言有节奏、有韵律，朗朗上口，易记易诵。准妈妈学生时代应该都学过这首诗歌，此时再读，必觉亲切。

唧唧复唧唧，木兰当户织。不闻机杼声，惟闻女叹息。问女何所思，问女何所忆。女亦无所思，女亦无所忆。

昨夜见军帖，可汗大点兵，军书十二卷，卷卷有爷名。阿爷无大儿，木兰无长兄，愿为市鞍马，从此替爷征。

东市买骏马，西市买鞍鞯，南市买辔头，北市买长鞭。旦辞爷娘去，暮宿黄河边，不闻爷娘唤女声，但闻黄河流水鸣溅溅。旦辞黄河去，暮至黑山头，不闻爷娘唤女声，但闻燕山胡骑鸣啾啾。

万里赴戎机，关山度若飞。朔气传金柝，寒光照铁衣。将军百战死，壮士十年归。

归来见天子，天子坐明堂。策勋十二转，赏赐百千强。可汗问所欲，木兰不用尚书郎，愿驰千里足，送儿还故乡。

爷娘闻女来，出郭相扶将；阿姊闻妹来，当户理红妆；小弟闻姊来，磨刀霍霍向猪羊。开我东阁门，坐我西阁床，脱我战时袍，著我旧时裳。当窗理云鬓，对镜帖花黄。出门看火伴，火伴皆惊忙：同行十二年，不知木兰是女郎。

雄兔脚扑朔，雌兔眼迷离；双兔傍地走，安能辨我是雄雌！

按摩

怀孕后准妈妈往往情绪波动很大，容易出现紧张、焦躁不安的心情，所以需要准爸爸更多的支持和关怀。现在准妈妈还时常伴随着生理上的各种不适症状，如腰痛、水肿、便秘等，准爸爸可以用按摩的方式来帮助准妈妈缓解。

指间的温柔——按摩

通过按压的动作，不但可以促进血液循环、减少不适感觉、舒缓压力，增强抵抗力，还有助松弛神经，让准妈妈酣睡入梦。按摩还能让准妈妈直接享受准爸爸的关爱，舒缓紧张的情绪。

按摩前的准备工作

按摩是门专项技术，需用心体会才能掌握其中的一些基本手法，按摩前先应彻底清洁双手，如果准爸爸的双手粗糙，按摩时可以用些润肤油；然后双方深呼吸，全身放松；按摩时最好播放一些轻柔的音乐以帮助放松心情。

开始按摩

腿部按摩：促进血液循环。把双手放在一条大腿的内外侧，一边按压一边从臀部向脚踝处进行按摩，反复多次。将手掌紧贴在小腿上，从跟腱起沿着小腿后侧按摩，直到膝盖以上10厘米处，反复多次，可消除浮肿，预防小腿抽筋。

胸部按摩：从腋下以乳晕为中心聚拢胸部，然后向胸部正中聚拢胸部，反复6次以上。可促进乳腺分泌，预防产后急性乳腺炎。

腰背按摩：用手掌掌根或拳面放在准妈妈后背脊柱两侧肌肉，做轻快的、柔和的回旋运动，注意手要按住肌肉施加一定压力，不要在皮肤上摩擦。在一固定点按揉数十秒后将手向下移一手掌宽位，再重复此操作，直至按揉到臀部以上。如此可以缓解准妈妈的腰背疼痛。

头部按摩：用双手轻轻按摩头和后部，3～5次。用手掌打圈轻按太阳穴，3～5次，可缓解头痛，放松神经。

出水莲

《出水莲》是广东汉乐筝曲中的著名乐曲之一，为筝家必弹的曲目。这首《出水莲》1933年刊载在《公益社乐剧月刊》上，题解为"出水莲描写莲塘萧散、秋凉景色，富有睹物伤时之意"。

乐曲曲调平缓，音调古朴，意境深邃，旋律清秀，气韵典雅，宛若一幅清新韵染的水墨画，脱俗超凡，表现了莲花"出淤泥而不染，濯清涟而不妖"的高尚情操。全曲以各种丰富的演奏手法将出水莲的神态、气质刻画得栩栩如生。

准妈妈可以从音乐中感到莲花的那份优雅。美丽的景色也会慢慢浮现在眼前：静静的水面上，花红叶绿，鱼儿在荷叶下追逐戏耍，荷叶上的露珠来回滚动……

水陆草木之花，可爱者甚蕃。晋陶渊明独爱菊。自李唐来，世人甚爱牡丹。予独爱莲之出淤泥而不染，濯清涟而不妖，中通外直，不蔓不枝，香远益清，亭亭净植，可远观而不可亵玩焉。

予谓菊，花之隐逸者也；牡丹，花之富贵者也；莲，花之君子者也。噫！菊之爱，陶后鲜有闻。莲之爱，同予者何人？牡丹之爱，宜乎众矣！

——宋·周敦颐《爱莲说》

胎宝宝的样子

与刚怀孕相比，此时的胎宝宝已经成长得让你惊叹，他开始形成自己的睡眠周期，甚至可以开始做梦了！在他小小的梦里，会是怎样一个奇幻的世界呢？

🌿 动作更加协调的胎宝宝

本周胎宝宝头臀长有 25 厘米，体重有 900 ~ 1 000 克。随着更多大脑组织的发育，胎儿现在的大脑变得非常活跃了，并能发出命令控制全身机能的运作和身体的活动，他能很熟练地吸吮自己的手指了。

🌿 开始形成自己的睡眠周期

胎宝宝的神经系统和感官系统的发育也较显著，他已经具备了视神经功能，能感觉到昼夜黑白的变化，同时有了比较原始的睡眠周期，他此时对昼夜的分辨是靠激素来完成的，而且由于有了睡眠周期，他很可能会做梦了。准妈妈可以适当地引导，培养胎宝宝的作息规律。

🌿 睾丸开始下降

如果是男宝宝，他的睾丸开始下降到阴囊中，这个过程需要 2 ~ 3 周，有时候，直到宝宝出生后可能还有睾丸位置不正常的问题，不要担心，未下降进入阴囊的睾丸通常会在 1 岁之前自行进入。

随着胎宝宝开始填满子宫，准妈妈的肚子会变得更大，行动也不方便起来，准妈妈做任何事情都要小心，不可活动过度，以免发生早产。

Day
184

✓ 欢乐 ABC

It's A Small, Small World
（小小世界）

用儿歌 It's A Small, Small World 向即将到来的宝宝描述一下这个世界的样子吧，这会让他对他将要降临的世界充满了期待和希望。

It's A Small, Small World	小小世界
It's a world of laughter	这是一个有着笑声的世界
A world of tears	这是一个有着泪水的世界
It's a world of hopes	这是一个有着希望的世界
And a world of fears	这是一个有着恐惧的世界
There's so much that we share	有这么多的东西我们可以分享
That it's time we're aware	是时候了，我们意识到
It's a small world after all	毕竟这是一个小小的世界
There is just one moon	世上只有一个月亮
And one golden sun	和一个金色的太阳
And a smile meansfriendship to everyone	微笑对每一个人都意味着友谊
Though the mountains divide	虽然高山林立
And the oceans are wide	大海宽广
It's a small world after all	这只是一个小小的世界
It's a small world after all	这只是一个小小的世界
It's a small world after all	这只是一个小小的世界
It's a small world after all	这只是一个小小的世界
It's a small, small world	这是一个小小的世界

开始

生命的神奇让人叹为观止，准妈妈可能经常思索：人到底是从哪儿来的呢？

当然，不只是准妈妈一个人，这恐怕是每个人在孩提时代常常追问的问题。

即将成为新妈妈，准妈妈现在对生命是怎样的感觉呢？今天，来吟诵这首泰戈尔的诗歌——《开始》吧。

开始

"我是从哪儿来的，你，在哪儿把我捡起来的？"孩子问他的妈妈说。

她把孩子紧紧地搂在胸前，半哭半笑地答道——"你曾被我当作心愿藏在我的心里，我的宝贝。"

"你曾存在于我孩童时代的泥娃娃身上；每天早晨我用泥土塑造我的神像，那时我反复地塑了又捏碎了的就是你。"

"你曾和我们的家庭守护神一同受到祀奉，我崇拜家神时也就崇拜了你。"

"你曾活在我所有的希望和爱情里，

活在我的生命里，我母亲的生命里。"

"在主宰着我们家庭的不死的精灵的膝上，你已经被抚育了好多代了。"

"当我做女孩子的时候，我的心的花瓣儿张开，你就像一股花香似地散发出来。"

"你的软软的温柔，在我青春的肢体上开花了，像太阳出来之前的天空上的一片曙光。"

"上天的第一宠儿，晨曦的孪生兄弟，你从世界的生命的溪流浮泛而下，终于停泊在我的心头。"

"当我凝视你的脸蛋儿的时候，神秘之感淹没了我；你这属于一切人的，竟成了我的。"

"为了怕失掉你，我把你紧紧地搂在胸前。是什么魔术把这世界的宝贝引到我这双纤小的手臂里来的呢？"

Day

186

✔ 名画欣赏

白桦林

《白桦林》由19世纪俄国最富浪漫主义情调的画家阿尔希普·伊凡诺维奇·库茵芝所作。

此画明亮耀眼的光线，浓烈鲜艳的色彩，比印象派画作还要热烈。让人眼前为之一亮，心也为之一颤。印象画派的重要画家雷诺阿说那颜色“响得像一个钟一样”。

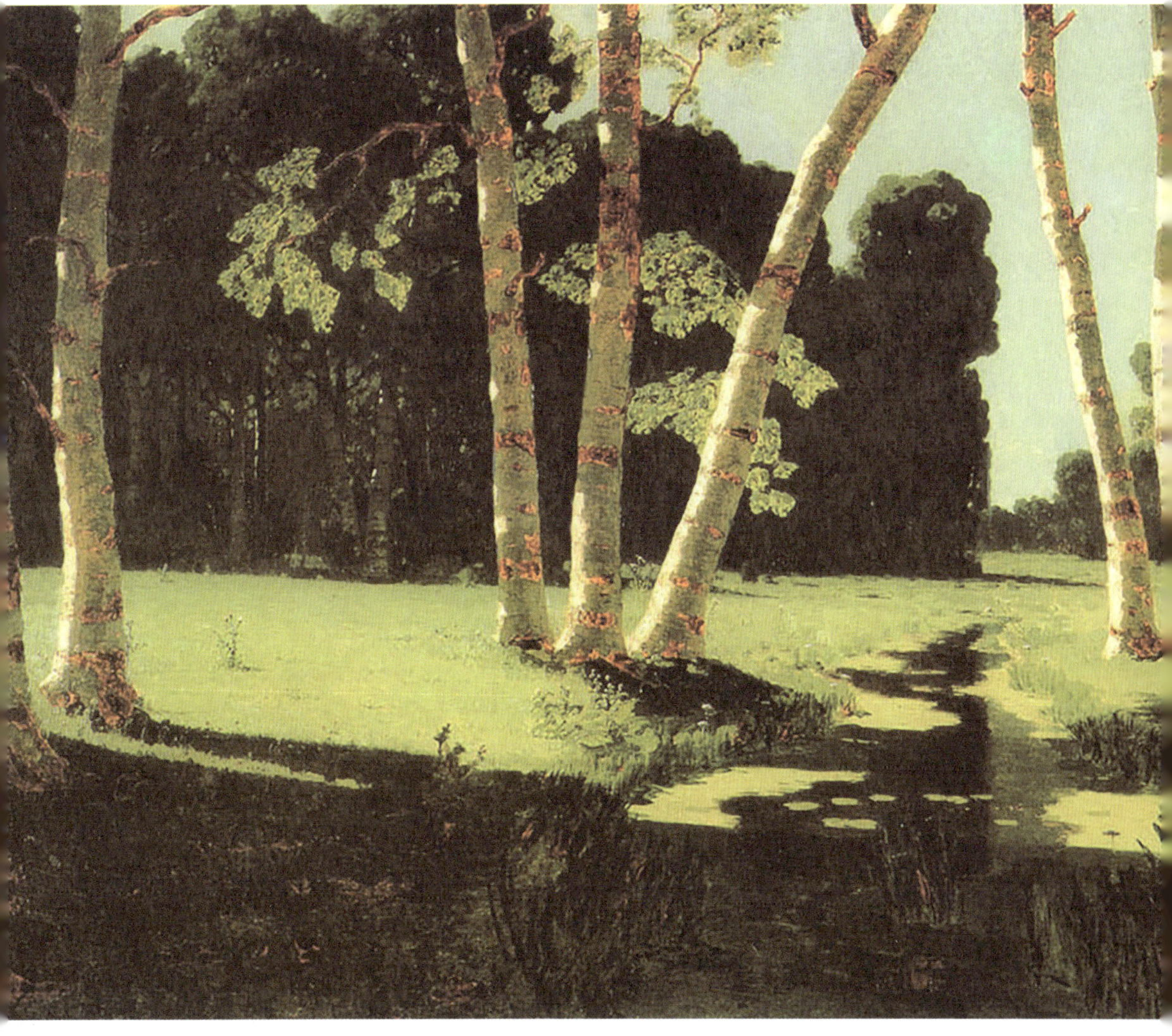

小笑话两则

笑话是孕期调节情绪的良药，阅读一则短短的笑话，并不用花多少时间，但是却能很快获得一份好心情。

🌱存钱

一个人在 ATM 柜台机存钱，排队时，排在后面的那个人在后面问他："存钱是吗？""嗯！""我正好要取钱，反正你要存，不如把钱给我，咱俩就不用排队了。"那个人想想觉得有理，于是把钱给他了。

🌱买东西

1. 看中了个热宝宝，老板要 35 块，小红还价说 30 元就要了，老板不依非要 35 元，讲了几个来回不肯让步，小红想想算了，给了张 50 元，结果老板很麻利地找了小红 35 元。

2. 记得有一次去买一种叫伊丽莎白的水果，张口就说："老板，莎士比亚多少钱？"老板当场就呆了。

3. 一个人去米粉店吃饭，进去就说："老板，来二两葱不要米线。"接着又补充道："不要放葱啊。"老板都快哭了："你到底是要吃米线还是要吃葱？"

4. 一次看到一个外国人买菜，买了 2.6 元的菜，他翻遍了身上所有的零钱，还缺一毛钱，只听见他对老板说："我的毛，都给你了，所以没有毛了。"老板哑然，半天，回答："你的毛我不要了。"

一组放轻松的瑜伽

运动是孕期不可忽视的，除了能够帮助缓解身体不适外，还能给准妈妈带来精神上的愉悦。今天，来做一组孕期瑜伽练习。

🌿 在做瑜伽运动之前

先要熟悉喉呼吸法，其要点是，双唇闭合，呼吸的重点放在咽喉而不是鼻子，呼气时间比吸气时间稍长，避免储存过多氧气，以免引起头昏。

🌿 接下来，开始瑜伽练习

1. 在舒适的位置坐好，用喉呼吸法吸气呼气各 1 次，再吸气。

2. 缓慢将肩膀向前移动然后带动肩膀向上移动。

3. 呼气，肩胛骨向后挤压。

4. 然后肩膀下拉，恢复正常姿势。

5. 重复第 1 ~ 4 步 3 次。

6. 肩膀朝相反的方向转动 4 次，也就是吸气时肩胛骨先往后拉，然后向上运动，呼气时肩膀向前转动然后恢复正常。

Day

190

✓ 胎儿发育

胎宝宝的样子

到了这一阶段，胎宝宝的大脑正在飞速发育，感觉器官有了进一步的发展，嗅觉形成，味觉完善，听觉还在继续发育，准妈妈的声音，准妈妈的味道，都成了胎宝宝最初的记忆。

活动空间逐渐变小

胎宝宝头臀长约为 27 厘米，体重可以达到 1 300 克，他的脂肪层在继续积累，为出生后在子宫外的生活做准备。胎宝宝现在几乎占满了整个子宫，活动的空间将越来越小，但准妈妈更容易感觉到他的活动，是在踢还是在转动，准妈妈都可以明显感觉到。

形成听觉和嗅觉记忆

胎宝宝的耳朵神经网已经完成，听觉得到了进一步的发展，还有胎宝宝的嗅觉形成，逐渐会记住准妈妈的味道，这些都是宝宝出生后寻找妈妈的最基本依据。而且，胎宝宝的记忆能力可更好地帮助胎教，准妈妈不时传递给胎宝宝的信息，可最大限度地开发胎宝宝的学习潜能。

肺部继续完善

胎宝宝的内脏系统构造已经几乎与新生儿无异，功能也在快速发育，但肺叶尚未发育完全，如果现在早产，还需要借助一些医疗设备进行呼吸。因此，保护胎宝宝的安全十分重要。

这段时间里，准妈妈要记得抽一个方便的时间到医院进行第五次产前检查，从这周开始，准妈妈需要每两周做一次产前检查，确保自己及胎宝宝的安全。

缓解便秘的美食——花生拌菠菜

胎宝宝现在侵占了太多子宫空间，迫使子宫挤压到肠胃，所以准妈妈或多或少有些便秘，记得继续保持适当的活动，可以多吃一些缓解便秘的美食。

🌿 花生拌菠菜

材料：菠菜 200 克，花生 50 克，熟芝麻 20 克

调料：香油 5 克，醋 5 克，糖 5 克，盐 2 克，味精 2 克，油适量。

做法：

1.花生用温油炸香炸透；菠菜洗净放开水锅内烫熟，再放入冷水中冷却一下，捞出沥水。

2.熟菠菜切段，加盐、糖、味精、醋、香油拌匀，装盘，撒上芝麻和花生即可。

菠菜含有大量的膳食纤维，具有促进肠道蠕动的作用，利于排便。其他缓解便秘促进排便的食物推荐有：

高纤维食物：促进肠蠕动	谷物、豆类、蔬菜、水果
高蛋白食物：给肠胃蠕动提供力量	瘦肉、蛋白粉、酸奶
含水量较多的食物：软化粪便	水果、蔬菜、汤粥
富含脂肪酸的食物：润滑肠道	酸奶、松子仁、芝麻、瓜子、花生、植物油

早晨定时排便是一个受益终生的好习惯，每天早上无论是否有便意，准妈妈都应该去厕所酝酿一下，但不宜过久。

足够的饮水量也是不可或缺的，早上起床后及时喝一杯水，随手带上水杯，每过一会儿就喝点水。

父

许多准爸爸在得知小生命到来的那一刻，都非常激动和兴奋，甚至还有些慌乱。他们或许从这个震惊的消息中体会到了人生的一些改变；或许会因对小宝贝的责任感而觉得自豪；或许在考虑如何爱孩子、如何做一个好父亲。

🌿说文解字

"父"字，甲骨文形体是右手举着一个工具，象征从事劳动的男子。《说文解字》中说："父，矩也。家长率教者。从又举杖。"说明父在古代是一家中最主要的劳动力，是一个家庭的灵魂和领袖。

甲骨文　　　　　　　　　　　金文

金文"父"字手中的工具变为短剑，尖锐其锋，小篆字形则更接近甲骨文。工具石斧和短剑，成年男子才使用，于是成年男子尊称为父，到后来"父"演变为指家中男性长辈，包括生父在内，字形也演变成了现在的楷体。

小篆　　　　　　　　　　　楷体

三个好朋友

准爸爸可以别出心裁地自己制作动画来讲故事，并给准妈妈看，这是不错的胎教创意哦，建议准爸爸们有十八班武艺的不要在家里闲着，用自己的特长为家庭欢乐添砖加瓦吧。

花园里有三只蝴蝶，一只是红色的，一只是黄色的，一只是白色的。三个好朋友天天都在一起玩，可快乐了。

一天，他们正玩得高兴，天突然下起了雨。三只蝴蝶的翅膀都被雨打湿了，冻得浑身发抖。

三只小蝴蝶一起飞到红花那里，对红花说："红花姐姐，让我们飞到你的叶子下面躲躲雨吧！"红花说："红蝴蝶进来吧，其他的快飞开！"

三个好朋友一齐摇摇头："我们是好朋友，一块儿来，也一块儿走。"

他们又飞到黄花那里，对黄花说："黄花姐姐，让我们飞到你的叶子下面躲躲雨吧！"

黄花说："黄蝴蝶进来吧，其他的快飞开！"三个好朋友一齐摇摇头："我们是好朋友，一块儿来，也一块儿走。"

然后，他们又飞到白花那里，对白花说："白花姐姐，让我们飞到你的叶子下面躲躲雨吧！"

可是白花也说："白蝴蝶进来吧，其他的快飞开！"这三个好朋友还是一齐摇摇头，对白花说："我们是好朋友，一块儿来，也一块儿走。"这时，太阳公公看见了，赶忙把乌云赶走，叫雨停下。

天终于晴了，这三个好朋友又一起在花丛中跳舞、玩游戏。

欢乐颂

《欢乐颂》是贝多芬的《第九交响曲》的终曲乐章，这首乐曲是于1819～1824年创作的，也是他全部音乐创作生涯的最高峰和总结。

这首乐曲的主旋律进场是由大提琴和低音提琴演奏的，浑厚、低沉的声音在寂静中响起，给人一种深沉、平静的感觉。

旋律演奏了一次之后，中提琴进场重复旋律，旋律行进到中音部，主题曲稍亮的音色给旋律带来一种明快的感觉，低音部则退到后面和木管一起伴奏。

中提琴演奏完旋律之后也退到伴奏，接着小提琴加入了，小提琴如歌般的声音欢唱着，让旋律真的活起来了。

小提琴声部简单重复了旋律后，旋律行进到乐队齐奏，这时铜管、木管吹奏主旋律，其他各声部伴奏，场面宏大，由前面的平静、深沉的快乐进入到了万众欢腾的场面，欢乐颂的主旋律贯穿始终，一个简单却又优美的旋律将欢乐表现得淋漓尽致。

在这个阶段，准妈妈的精神情绪常常处于低潮期，需要听一些欢快、柔和的乐曲，这样可以平复焦躁不安的情绪。

人体漫游

人的一生是怎样一个旅途？正在孕育一个新生命并马上要完成整个孕期的准妈妈一定比以往更有感触，《人体漫游》这部纪录片相当于一部人生旅途的生命教学片。

🌿 七个阶段讲述人的一生

第1阶段：生命物语（Life Story）。时间一分一秒的流逝，存在我们体内的无数个不可思议的微小奇异世界里，正发生着天翻地覆的变化。

第2阶段：永不止歇的奇迹（An Everyday Miracle）。生命是世界上最复杂难懂的奇迹。

第3阶段：人之初（First Steps）。在婴幼儿阶段，宝贝将学会走路、说话等一些基本的生存技能。

第4阶段：澎湃的青春期（Raging Teens）。青春期被称为激素的革命，不用怀疑，你年轻时干过的傻事都是基于此影响。

第5阶段：脑力的支配（Brain Power）。人体的大脑是宇宙中最难懂和神秘的物体，但我们对其还知之甚少。

第6阶段：光阴似箭（As Time Goes by）。这体现在你的老化过程中，但老化并不代表人类的退化，而是进化，虽然这也不能安慰我们什么。

第7阶段：生命的尽头（The End of Life）。死亡自古以来就是一个难解之谜，我们将怎么来面对死亡？

也许第6阶段与第7阶段会让准妈妈略觉伤感，不过，这就是生命啊，将来宝宝问起爸爸妈妈生命的源起、生命的去向时，也建议和宝宝一起回过头来观看。

第 8 个月

小小人儿初长成

胎宝宝的样子

从今天开始,准妈妈和胎宝宝就正式进入孕晚期了,现在的胎宝宝已经有了一定程度的生存能力,不过不要着急,胎宝宝还在继续发育呢,他可是要求完美的好宝宝。

🌿 体重继续增加,身体更圆润

本周,胎宝宝头臀长(坐高)约为 28 厘米,体重会达到 1 500 多克,开始充满整个子宫了。他的皮下脂肪正在增多,小身体变得更圆润,看上去十分可爱。胎宝宝还在努力,从现在到出生前体重至少还要长 1 千克。

🌿 头部还在增大

胎宝宝的大脑还在持续发育,现在,有数十亿的神经细胞正在形成,他从外界获得的刺激(比如准妈妈的声音)会传达到大脑,让大脑做出相应反应。头部随着大脑的发育还在增大,相对全身其他部位,头部也比较重,开始显得头重脚轻,这也是大多数的胎宝宝在最后固定胎位时自然采取头朝下的体位的原因。

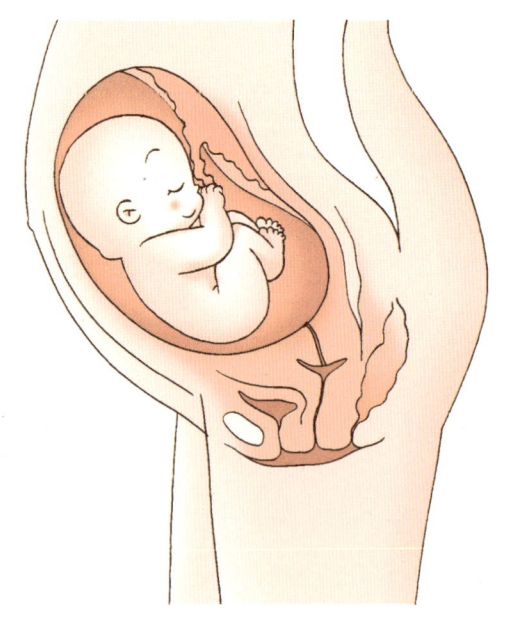

🌿 眼睛开始追溯光源

胎宝宝的感官能力提高了,他可以感觉到光线,当有光线进入子宫,大脑发出指令,他能跟着光线转动他的眼睛了。此时,准妈妈可以从子宫外给他适度的光线刺激,这对他来说将是一个惊喜。

梦

很多准妈妈感觉怀孕后做梦变得频繁了，而且梦境都很逼真，醒来后还能清楚记得梦的内容，最令人担忧的可能是梦境常常有点恐怖，怀孕后准妈妈的睡眠质量会受到一些影响。如果还总是做不好的梦，会引起准妈妈的担忧。这会影响到胎宝宝吗？

怀孕与胎梦

做梦与人的精神状态有关，梦常常反映的是准妈妈的所思所想，而孕期是一个多种情绪交织在一起的阶段，激素分泌的变化，会让准妈妈更频繁地做梦。如果准妈妈夜里常常醒来，中断了充满梦境的快速动眼睡眠阶段，准妈妈就可能会记住更多的梦，所以，怀孕后多梦比较常见，而且会让准妈妈感觉孕期的梦似乎比平常更激烈、更奇怪，到了怀孕后期，迫近临产，胎梦可能更为频繁。

可能做什么样的胎梦

在孕早期、孕中期和孕晚期，许多准妈妈常常梦到水、拟人化的动物、大型建筑物、灾难性的场景等。随着对怀孕及胎宝宝的了解越来越多，准妈妈的梦境会受到认知的影响，比如当得知自己有妊娠并发症时，可能会梦见自己生产时大出血，或者梦见自己难产，当准妈妈学习育儿知识时，就可能做与养育有关的梦，比如梦见宝宝哭得厉害、宝宝丢了等。

与自己的梦做个沟通

根据梦中的意象，结合平时的生活，检视自己的所思所想，主动而客观地去与自己的梦沟通。

1. 将孕期所做的胎梦用文字记录下来。

2. 同时记下梦里的感觉或情绪。

3. 凭自己的感受展开自由联想与象征隐喻。

4. 回想并写下做梦之前可能的相关生活细节。

5. 将梦、感觉、梦境隐喻、自由联想的结果与生活脉络相对应。

兔儿爷

"团圆佳节庆家家，笑语中庭荐果瓜。药窃羿妻偏称寡，金涂狡兔竟呼爷。秋风月窟营天上，凉夜蟾光映水涯。惯与儿童为戏具，印泥糊纸又搏沙。"诗中所描写的，就是老北京的吉祥物——兔儿爷。

兔儿爷的形状是人形而有兔嘴兔耳。头上竖两只长耳朵，嘴是三瓣的兔子嘴，其他地方跟人没什么区别。环形大眼，三角眉，面色粉白，染着粉红色的脸蛋，表情不失童稚又透着一股英气、机灵劲儿，非常可爱。

有关兔儿爷的歇后语

🍃兔儿爷拍心口——没心没肺

泥塑的兔儿爷中间是空膛儿的，什么也没有。兔儿爷拍心口，自然里面没有心也没有肺。北京人常用这句话来形容某些人没有心计，不会应付，不会算计，大大咧咧。听到这句歇后语，再想想憨姿憨态的兔儿爷，常常会使人捧腹大笑。

🍃兔儿爷洗澡——瘫啦

这句歇后语也是突出兔儿爷是用泥塑的这一特点。试想，把泥制的兔儿爷放到水里去洗澡，还有不瘫成一堆泥的吗？这里借以形容那些在铁证面前瘫软下来的罪犯，也常用来讽刺某些在威势前面败下阵来丧失气节的人。

第一次离开妈妈的小黄鹂

生活并不仅仅是为了活着，而应该有丰富广阔的天地，有梦想，有爱心，可以做许许多多喜欢的事情。准爸爸准妈妈，快给胎宝宝讲讲小黄鹂的故事吧，让胎宝宝也一起体悟到更多生活的美妙之处。

一只小黄鹂鸟，第一次离开妈妈，自己外出捕虫了。

当小黄鹂飞了一天，疲倦地回到家里时，妈妈问他都看到、听到些什么。

小黄鹂说："除了虫子，我什么也没看到。"

妈妈失望了，说："我们不是光为了虫子而生活的。"

第二天，小黄鹂鸟又疲倦地飞回来了。

妈妈问他看到、听到些什么。

小黄鹂说："我看到一只老白头翁真可怜，她老得已经不能捕虫了，我把捕到的虫子送给了她。"

"我还看到一只小百灵鸟，她的歌声真好听，我听了半天。我想，将来我也许会唱得比她更好听的。"

妈妈高兴极了，她说："你开始懂得怎样生活了!"

Day
202

✓ 美妙音乐

木偶的步态舞

　　这首乐曲选自德彪西为他的女儿爱玛所作的钢琴舞曲《儿童乐园》。这部《儿童乐园》共包括6首小曲，《木偶的步态舞》为其中的第六首。

　　乐曲描写了一个滑稽的黑人小木偶在跳舞的情景，这是在欧洲音乐作品中选用黑人舞蹈音乐的最早实例。

　　这个木偶皮肤是黑色的，眼睛是红色的，蓬头垢面。在作曲家想象中，它是一个美洲黑人木偶。所以选用美洲黑人糕饼舞音乐的节奏。糕饼舞是当时美洲黑人最爱跳的一种舞蹈。闲暇时，他们经常举行舞蹈比赛，谁的舞姿好，就奖以糕饼，因此得名。

　　乐曲中，钢琴演奏出时而炽热奔放，时而温存柔弱，时而夸张模仿，时而诙谐幽默的音乐，德彪西以顽皮的音乐表现木偶的步态，使人能够感受到此时木偶很快乐。在欣赏乐曲的过程中，准妈妈可以体验到包括"优美""愉悦"在内的能想到的一切情绪体验，感受到这种音乐魅力。

Day
203

调出好情绪

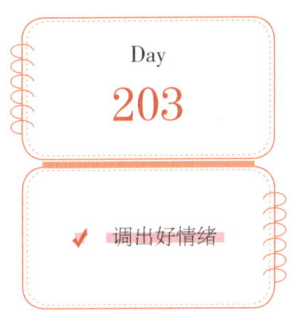

数鸭歌

《数鸭歌》是我们耳熟能详的儿歌，准妈妈在唱的时候，可以想象小鸭子走路的模样，还可以让准爸爸模仿一下，这会让准妈妈和胎宝宝更快乐。

（白）门前大桥下，游过一群鸭，
快来快来数一数，二四六七八。
（唱）门前大桥下，游过一群鸭，
快来快来数一数，二四六七八。
嘎嘎嘎嘎真呀真多呀，
数不清到底多少鸭。
数不清到底多少鸭。
赶鸭老爷爷，胡子白花花，
唱呀唱着家乡戏，还会说笑话。
小孩小孩快快上学校，
别考个鸭蛋抱回家。
别考个鸭蛋抱回家。
（白）门前大桥下，游过一群鸭，
快来快来数一数，二四六七八。

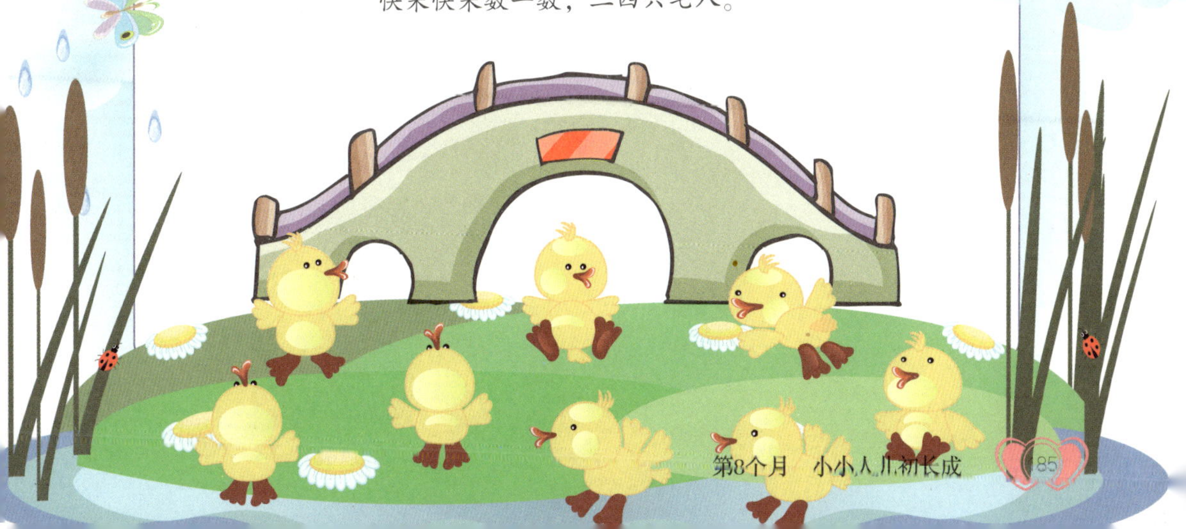

Day

204

✔ 胎儿发育

胎宝宝的样子

在这一周，胎宝宝的听觉发育已经大功告成了！这为胎教提供了极为有利的条件，准妈妈和准爸爸要坚持进行对话胎教，并把胎教内容安排得更丰富而有趣。

🌱 几乎充满整个子宫

本周，胎宝宝头臀长（坐高）约29厘米，重1 700克左右。由于体型变大，几乎充满整个子宫，胎宝宝在子宫里的活动空间相对变小，但他还是比较好动，他甚至能在准妈妈变薄的子宫壁上踹出一个个小脚印呢。

🌱 听觉器官发育成熟

这一周，胎宝宝的听觉器官发育成熟，此时耳朵的结构基本上和出生时相同，他对声音的反应更灵敏，由声音引起的反应也更强烈。经过过去几个月的训练，他应该已经非常熟悉准妈妈的声音了。此外，他开闭自如的眼睛已经具有瞳孔反射了。

🌱 主要的内脏器官基本已经发育完全

在这一周里，胎宝宝的身体即将经历一个发育的高峰，胃、肠、肾等内脏器官功能可以媲美出生以后的水平，免疫系统也有了相应的发育。不过肺部还在继续发育，在下周末才能基本发育完全。

🌱 开始每半个月做一次产检

在孕周满28周以后，准妈妈就要缩短两次产检的间隔时间，由原来的每月检查1次改为每半个月检查1次。

胎宝宝还是很爱动，准妈妈要继续坚持计数胎动，每12小时在30次左右为正常，如果胎动变少应引起警觉，少于20次可能缺氧，少于10次则应及时就诊。

拉梅兹呼吸法

拉梅兹呼吸法是减缓生产时的疼痛、加速产程进展的好方法，有助于轻松顺利地生产，现在是提前进行练习的好时机，如果能让准爸爸陪着一起练习，那当然再好不过了。

练习前的准备

穿着宽松的衣服，盘腿坐在地毯或床上，尽量让自己放松。准妈妈可以放一些舒缓、优美的音乐作为背景音乐，就可以开始练习了。

循序渐进来练习

步骤	名称	找准呼吸时机	怎样呼吸
第一步	胸部呼吸	分娩开始时； 子宫颈开 0 ~ 3 厘米； 子宫收缩 5 ~ 20 分钟一次； 每次收缩 30 ~ 60 秒时	随着子宫收缩就开始鼻子吸气、口吐气，反复进行，直到阵痛停止才恢复正常呼吸
第二步	"嘻嘻"轻浅呼吸	子宫颈开 3 ~ 7 厘米； 子宫收缩 2 ~ 4 分钟一次； 每次收缩 40 ~ 50 秒时	用嘴吸入一小口空气，保持轻浅呼吸，让吸入及吐出的气量相等，完全用嘴呼吸，保持呼吸高位在喉咙，就像发出"嘻嘻"的声音。练习时由连续 20 秒慢慢加长，直至一次呼吸练习能达到 60 秒
第三步	喘息呼吸	子宫颈开 7 ~ 10 厘米； 子宫收缩 60 ~ 90 秒一次； 每次收缩 30 ~ 90 秒时	先将空气排出后，深吸一口气，接着快速做 4 ~ 6 次的短呼气，感觉就像在吹气球，比"嘻嘻"轻浅式呼吸还要更浅。练习时由一次呼吸练习持续 45 秒慢慢加长至一次呼吸练习能达 90 秒
第四步	哈气呼吸	阵痛开始时	先深吸一口气，接着短而有力地哈气，如浅吐 1、2、3、4，接着大大地吐出所有的"气"，就像在吹一样很费劲的东西。练习时每次呼吸需达 90 秒
第五步	用力推	子宫颈全开时	下巴前缩，略抬头，用力使肺部的空气压向下腹部，完全放松骨盆肌肉。需要换气时，保持原有姿势，马上把气呼出，同时马上吸满一口气，继续憋气和用力，直到宝宝娩出。每次练习时，持续 60 秒用力
第六步	哈气运动	头出来了	不用力，用口哈气

开花的杏树

　　著名的荷兰画家梵·高在得知弟弟的儿子降生后，欣然作画，作为送给小侄子的礼物。这幅画少了他以往作品的浓烈，而是以清淡的绿色和白色为基调，一眼望去，空气里仿佛瞬间弥漫了花香。准妈妈是不是也想将这张画送给未来的小宝宝了？

知识的光亮

知识可以指引我们前进的方向，帮我们累积经验、充实头脑、增长智慧，我们在生活中一定要保持旺盛的求知欲，在任何年龄都不忘学习。

🌿故事选读：知识的光亮

晋平公是一代国君，政绩卓越，学识渊博。在他70岁的时候依然还希望多读点书，多长点知识，总觉得自己所掌握的知识实在是太有限了。可是70岁的人再去学习，困难很多，晋平公有点不自信，于是他去询问他的一位贤臣——师旷。

师旷是一位双目失明的老人，博学多智。晋平公问师旷说："我已经70岁了，可是我还很希望再读些书，又总是没有信心，你觉得是否太晚了呢？"

师旷回答说："您说太晚了，那为什么不把蜡烛点起来呢？"

晋平公不解其意地说："此话怎么讲？"

师旷回答说："我听说，人在少年时代好学，就如同获得了早晨温暖的阳光一样，那太阳越照越亮，时间也久长。人在壮年的时候好学，就好比获得了中午明亮的阳光一样，虽然中午的太阳已走了一半了，可它的力量很强，时间也还有许多。人到老年的时候好学，虽然已日暮，没有了阳光，可他还可以借助蜡烛啊，蜡烛的光亮虽然不怎么明亮，可是只要获得了这点烛光，尽管有限，也总比在黑暗中摸索要好多了吧。"

晋平公恍然大悟，高兴地说："您说得太好了，的确如此！我有信心了。"

是啊，不爱学习的人，即使白天睁着眼，两眼也是一抹黑；只有经常学习，不断增长知识，不论年少年长，学问越多心里才越亮堂，也才能遇事沉稳，更好地处理和解决事情。

——选自刘向《说苑·建本》

假如我有一个大肚子

胎宝宝八个月了，一路走来的幸福与艰辛也许只有准妈妈最清楚，当她偶尔抱怨上个卫生间有多不便时，准爸爸或许不太理解，试想一下，如果胎宝宝在你的腹中，会是什么样的情景呢，想象可能无法得到切身体会，准爸爸可以玩一个负重游戏，体验一下准妈妈的感受。

1.选择一个准爸爸和准妈妈都方便的时间，在家里进行，一些医院或者是准妈妈俱乐部也会组织这样的换位体验活动，如果有兴趣的话，可以报名参加。

2.如果是在家里的话，那么准爸爸可以在腹部绑上一个10千克重的袋子，如果不方便的话也可以在家里找一个枕头大小的重物，用枕头也可，但最好有点重量，这样才能体会得更真切。

3.现在，准妈妈可以指定准爸爸几个经常做的事情去做，比如打扫房间，或者是擦桌子、睡觉、上厕所等，如果准爸爸的动作可能压迫到"胎宝宝"，要请准妈妈做出提示，并帮助准爸爸调整姿势。

4.准爸爸向准妈妈说说自己的体验感受，然后请准妈妈对准爸爸的表现做出评价，准爸爸向准妈妈表达自己的爱护和敬佩之情，让准妈妈了解到准爸爸对她的理解，这样更能增进彼此的感情。

5.在游戏的过程中，不要忘了胎宝宝的存在，准爸爸可以邀请他做考官，体验过程中不妨多问问胎宝宝爸爸的表现怎么样，跟他说一说游戏中发生的事情等。

负重体验游戏中，准爸爸恐怕坚持10分钟就有些吃力了，其实准爸爸所感受的只是准妈妈身体变化而引起的生活不便罢了，生理和心理上的不适还有很多。

准妈妈怀一个宝宝是这样的不容易，要多为她着想，多做一些家务活，多包容她阴晴不定的情绪，给她信心坚持安心度过剩下的孕期。

Day

210

优美国学

池上逐凉二首

怀孕后会比平常更怕热，读读《池上逐凉二首》，感受在水池边乘凉的安逸与闲适吧，这会让准妈妈静下心来。

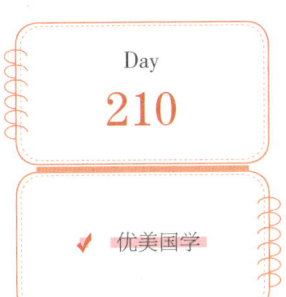

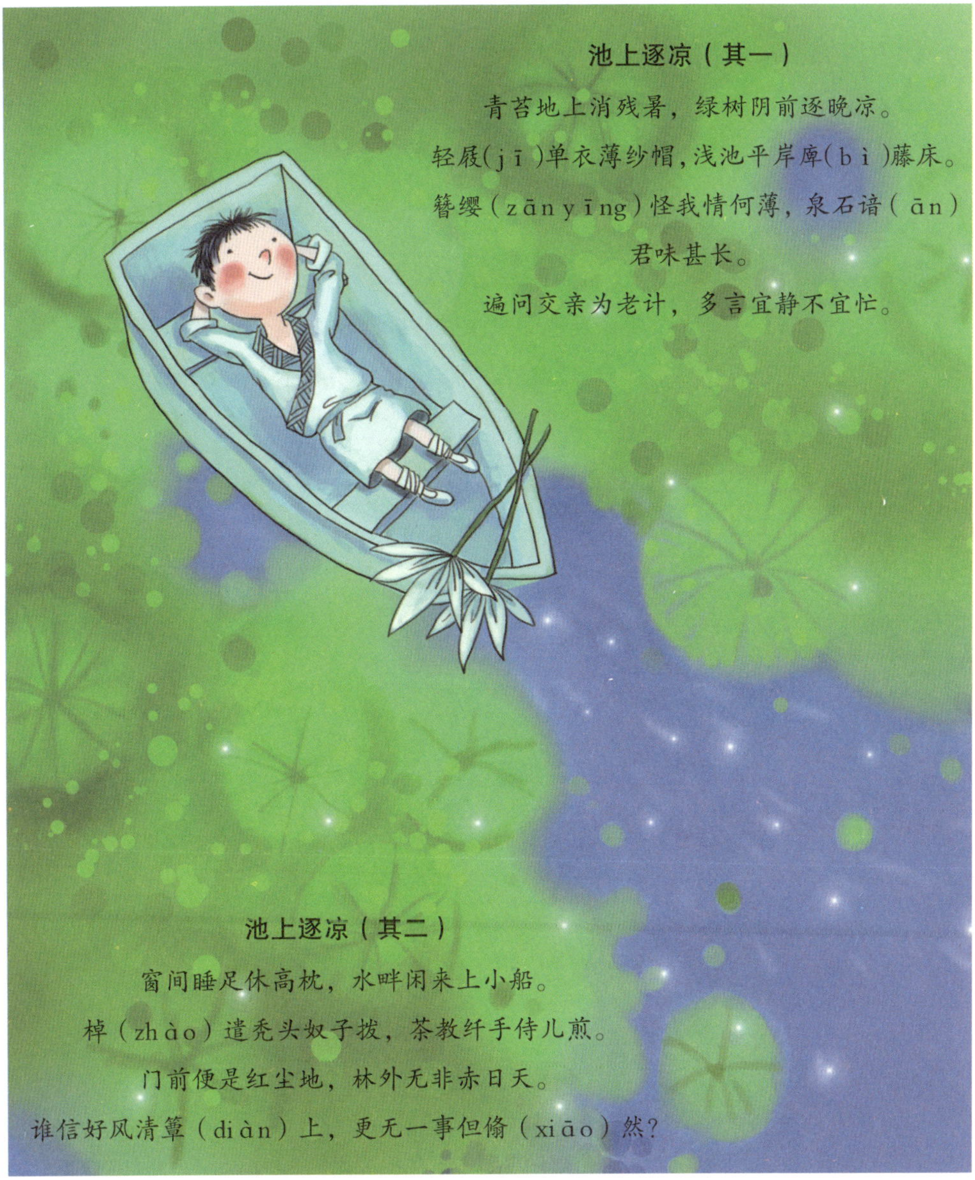

池上逐凉（其一）

青苔地上消残暑，绿树阴前逐晚凉。
轻屐(jī)单衣薄纱帽，浅池平岸庳(bì)藤床。
簪缨（zānyīng）怪我情何薄，泉石谙（ān）君味甚长。
遍问交亲为老计，多言宜静不宜忙。

池上逐凉（其二）

窗间睡足休高枕，水畔闲来上小船。
棹（zhào）遣秃头奴子拨，茶教纤手侍儿煎。
门前便是红尘地，林外无非赤日天。
谁信好风清簟（diàn）上，更无一事但翛（xiāo）然？

胎宝宝的样子

在这一周，胎宝宝的肺部基本发育完成，现在出生甚至可以建立自主呼吸了，这是很了不起的进步！在接下来的日子里，他将继续努力，让自己的呼吸变得更完美。

体重增加，羊水量减少

在本周，胎宝宝身长变化不大，头臀长（坐高）30 厘米左右，体重继续增加，到本周末，体重将达到 1 900 克左右。现在子宫内的羊水量开始减少，约为 850 毫升，胎宝宝的活动空间逐渐减少，胎动幅度受到限制，舒畅的大动作相对减少。

肺部基本发育完成

现在胎宝宝的肺部已经基本发育完成，呼吸能力基本具备，在此时早产的宝宝可以不依靠仪器而建立自主呼吸了，肺部还将继续发育，变得更加完善。胎宝宝的消化系统也基本发育完成，可以分泌消化液，他还在继续大口大口喝着羊水，经消化系统形成尿液后排出，锻炼自己的身体代谢功能。

大脑仍然生长迅速

胎宝宝的大脑发育仍然迅速，神经系统已经四通八达，大脑向颅骨外推，并且折叠形成了更多的沟回，头部更大了。胎宝宝现在早已能够熟练地把头从一侧转向另一侧，好奇地观察子宫内的景象了。

准妈妈的肚子大了，行动不便，洗澡、洗发也成了一件大事。为安全起见，洗澡间的地板上最好铺上防滑垫，以防地板湿滑，使准妈妈摔倒，发生意外。

雪花的快乐

一朵小雪花悄悄降临人间，它在寻找自己飘落的方向，徐志摩的这首《雪花的快乐》意境非常优美，静下心来，给胎宝宝读读看。

雪花的快乐

假如我是一朵雪花，
翩翩的在半空里潇洒，
我一定认清我的方向——
飞扬，飞扬，飞扬，——
这地面上有我的方向。

不去那冷寞的幽谷，
不去那凄凉的山麓，
也不上荒街去惆怅——
飞扬，飞扬，飞扬，——
你看，我有我的方向！

在半空里娟娟的飞舞，
认明了那清幽的住处，
等着她来花园里探望——
飞扬，飞扬，飞扬，——
啊，她身上有朱砂梅的清香！

那时我凭借我的身轻，
盈盈的，沾住了她的衣襟，
贴近她柔波似的心胸——
消溶，消溶，消溶——
溶入了她柔波似的心胸！

有趣的手套画

准妈妈拿起手中画笔，通过笔触和线条，释放内心的情感，让自己平静、坦然地迎接胎宝宝吧。

准妈妈不妨按照自己的心意和想法，给胎宝宝设计一些手套图案，把它们画下来。

年的传说

"过年"，这一中华民族最重要的习俗，从最初诞生的本意来说就是庆祝、喜悦。过年的习俗几千年来一直在演变，放爆竹、贴春联沿袭为当今过年最普遍的活动。那么，你对"年"的传说有什么了解吗？

传说在很久以前，大地上出现了一种凶猛的野兽，叫作"年"。它的声音很大，那一声大吼，人们听了无不胆战心惊。有人曾目睹过它的样子，都说，它的嘴巴好大，只有这样大的嘴，才能吼出地动山摇的声音来。

每当天寒地冻，山中缺少食物时，"年"便跑出深山。见到村庄它就蹿进去，把圈里的猪啊羊啊抓起来就塞进嘴里，人要是来不及躲藏，也会被它抓了去，弄得百姓不得安宁。大人吓唬不睡觉的小孩，都会说："'年'来了，'年'来吃你了！"

小孩被吓得哇哇直哭，可也真奇怪，听到这哭声，"年"反倒躲开绕过了这个人家。人们这才发现，原来"年"也有害怕的东西。就这样，人们和"年"开始斗智斗勇起来，也渐渐地发现"年"有三怕：一怕红色，二怕火光，三怕响声。于是，一传十、十传百，从这个村庄传到那个村庄，大家纷纷准备"年"可能害怕的东西。

又是一个冬天，"年"又肆无忌惮地蹿进村庄，看到家家户户都把红色的桃木板挂在门上，门口也都点起火堆，"年"正不知如何是好，一阵阵敲敲打打声响起，闹得震天响。一看到这些，"年"吓得扭头就跑。从这个村庄到那个村庄，四处都是它害怕的东西。从此，它逃进深山，再也不敢出来了。

后来，人们为了纪念战胜"年"，每到这个时候，家家户户就张灯结彩，贴春联，放鞭炮，敲锣打鼓，团团围坐，吃年夜饭。这种风俗一代一代地流传下来，这就是我们中国的"过年"。

自新大陆

《自新大陆》是捷克作曲家德沃夏克所留下的第九部交响曲，是他一生中最重要的作品，也是 19 世纪民族乐派交响曲的代表作，在整个音乐史上也是不容忽视的杰作。

第二乐章是整部交响曲中最为有名的乐章，经常被提出来单独演奏，其浓烈的乡愁之情，恰恰是德沃夏克本人身处他乡时，对祖国无限眷恋之情的体现。

此部分被誉为所有交响曲中最为动人的慢板乐章。事实上，也正因为有了这段旋律，这首交响曲才博得全世界人民的由衷喜爱。这充满无限乡愁的美丽旋律，曾被后人填上歌词，而改编成为一首名叫《念故乡》的歌曲，并在美国广泛流传，家喻户晓。

本乐章的第二主题由长笛和双簧管交替奏出，旋律优美绝伦，在忽高忽低的情绪中流露出了一种无言的凄凉，仍是作者思乡之情的反映。

如果准妈妈也是远在他乡，正可以借助优美的旋律让自己的思乡情得到充分的释放。

填字游戏

填字游戏是一项很好的活动，准妈妈可以以此来消遣，开动一下脑筋，同时还可以扩充自己的知识面。

横向：小说《鹿鼎记》中藏有藏宝图的一套经书。古龙小说中的人物。改编自著名作家石钟山的同名小说，由杜淳、于荣光、杨若兮主演的一部电视剧。一种现代化烹调灶具。冬奥会的比赛项目之一。霍建华、李立群、吕一主演的电视连续剧。小说《红楼梦》中的金陵十二钗之一。重庆的著名菜肴，一般添加鸭血、鸭肠、午餐肉、豆芽等。周杰伦演唱的一首歌曲。获第80届奥斯卡最佳影片、最佳导演等4项大奖的电影。在计算机软件中，位于窗口最顶部，显示当前应用程序名、文件名等的分栏。南宋中期的著名词人。

纵向：南朝时的宫廷画家，据传他是正式以书法入画的创始人。计算机硬件之一。一款电脑游戏。话剧《雷雨》中的人物。一项体育运动。评剧电影《花为媒》张五可的饰演者。我国民间故事中的一位神仙，传说是玉皇大帝的外甥。以朝代为断限的史书。一首澳大利亚民歌。美国一家电影公司。金庸武侠小说《连城诀》中的人物，号称武林第一邪派高手。原指汉族的败类，后泛指投靠侵略者、出卖国家民族利益的中华民族的败类。

电影《音乐之声》中的一首插曲。台湾女艺人，曾主演电视剧《爱情合约》《东方朱丽叶》《天外飞仙》等。

填字游戏答案：

横向：1.四十二章经；2.陆小凤；3.锄奸；4.微波炉；5.高山滑雪；6.新一剪梅；7.王熙凤；8.毛血旺；9.跨时代；10.老无所依；11.标题栏；12.史达祖。

纵向：一、陆探微；二、鼠标；三、波斯王子；四、四凤；五、跨栏；六、新凤霞；七、二郎神；八、断代史；九、剪羊毛；十、米高梅；十一、血刀老祖；十二、汉奸；十三、雪绒花；十四、林依晨。

胎宝宝的样子

对于胎宝宝来说，现在子宫里变得有点拥挤，手脚都动不开了。多跟他说说话吧，别让他感到寂寞。

子宫空间变得更小

本周，胎宝宝头臀长（坐高）约30厘米，体重会达到2 100克，几乎将子宫的空间占满了。即使如此，胎宝宝还是会继续长大，为出生做最后的冲刺。胎宝宝手指甲和脚指甲已经完全长出来了，保护着可爱的小指头；他已长了满头的头发，但身上的胎毛开始减少，只有背部和双肩还留下一些。

脑细胞神经通路完全接通

这一周，胎宝宝神经系统变化最大，脑长得更大，不断折叠形成皱褶，看起来像个核桃仁，脑细胞神经通路完全接通，开始活动。神经纤维周围形成有保护作用的脂质鞘，因此，神经冲动能够较快地传递，他逐渐能够进行复杂的学习和运动，并且意识越来越清楚，能感觉外界的刺激并作出反应，甚至能区分白天和黑夜了。

基本固定头朝下的体位

现在胎宝宝的体位已经基本固定在头朝下了，已经做好了出生的准备；不过有的宝宝还比较好动，甚至"坐"在准妈妈的肚子里，不要担心，他还是会不停地变换体位的。

准妈妈现在要记得抽空去做第7次产前检查，检查时，身边有人陪伴会更便利，也会让准妈妈更安心。

胎宝宝的作息规律

胎宝宝的作息规律表现在他的睡眠与觉醒的交替周期上，现在的胎宝宝已经睁开了眼睛，可以感觉白天和黑夜的变化，初步形成了自己的作息规律。

🌱通过胎动了解胎宝宝的睡眠周期

准妈妈可以在数胎动时，详细地记录一下自己的感受，如胎动的变化是增加还是减少，是大动还是小动，这样，一段时间后准妈妈就能总结出胎宝宝初步的作息规律了。这方便准妈妈根据他的作息来安排胎教：在胎宝宝活跃的时候，与他说话、念诗词会取得很好的效果，但在胎宝宝睡觉的时候，千万不要以胎教为名，用声音或者动作去叫醒他，否则他会不高兴的。

🌱准妈妈的作息习惯影响着胎宝宝

胎宝宝在准妈妈的腹中，准妈妈的生物钟对他有着直接的影响。研究表明，宝宝在胎儿时期就形成了和母亲相似的生活习惯。因此，在孕期，准妈妈要注意安排好自己的作息时间，早睡早起，千万不要熬夜，培养一个"夜猫子"宝宝将会让你痛苦不堪。

现在各种不适很容易让准妈妈失眠，睡觉时采用左侧卧的姿势，把一个或两个枕头放在双膝盖之间，再在肚子下面放一个枕头，睡前舒缓一下情绪，都会对改善睡眠有帮助。

Day

221

✓ 欢乐 ABC

Family
（家庭）

在你们的大家庭里，都有哪些亲人呢？

相信即将降生的胎宝宝一定也很想弄清楚哦，快来用中文和英文一起介绍一下吧！

 Family

（家庭）

爸爸 father

妈妈 mother

 爷爷、外公 grandfather

奶奶、外婆 grandmother

叔叔阿姨 uncle aunt

 兄弟 brother

姐妹 sister

表兄弟、表姐妹 cousin

准爸爸可以使用这样的开头或者句式哦：

亲爱的小宝贝，咱们家是个大家族，有很多的亲人，大家都在期盼着你的到来呢！先跟爸爸妈妈学习怎么称呼他们吧，以后见面了要大声地打招呼，这样才是懂礼貌的宝宝呢。

好了，现在开始咯！

爸爸，是我，跟我读：father。

妈妈，在这里，跟我读：mother。

…………

胎教一天一页

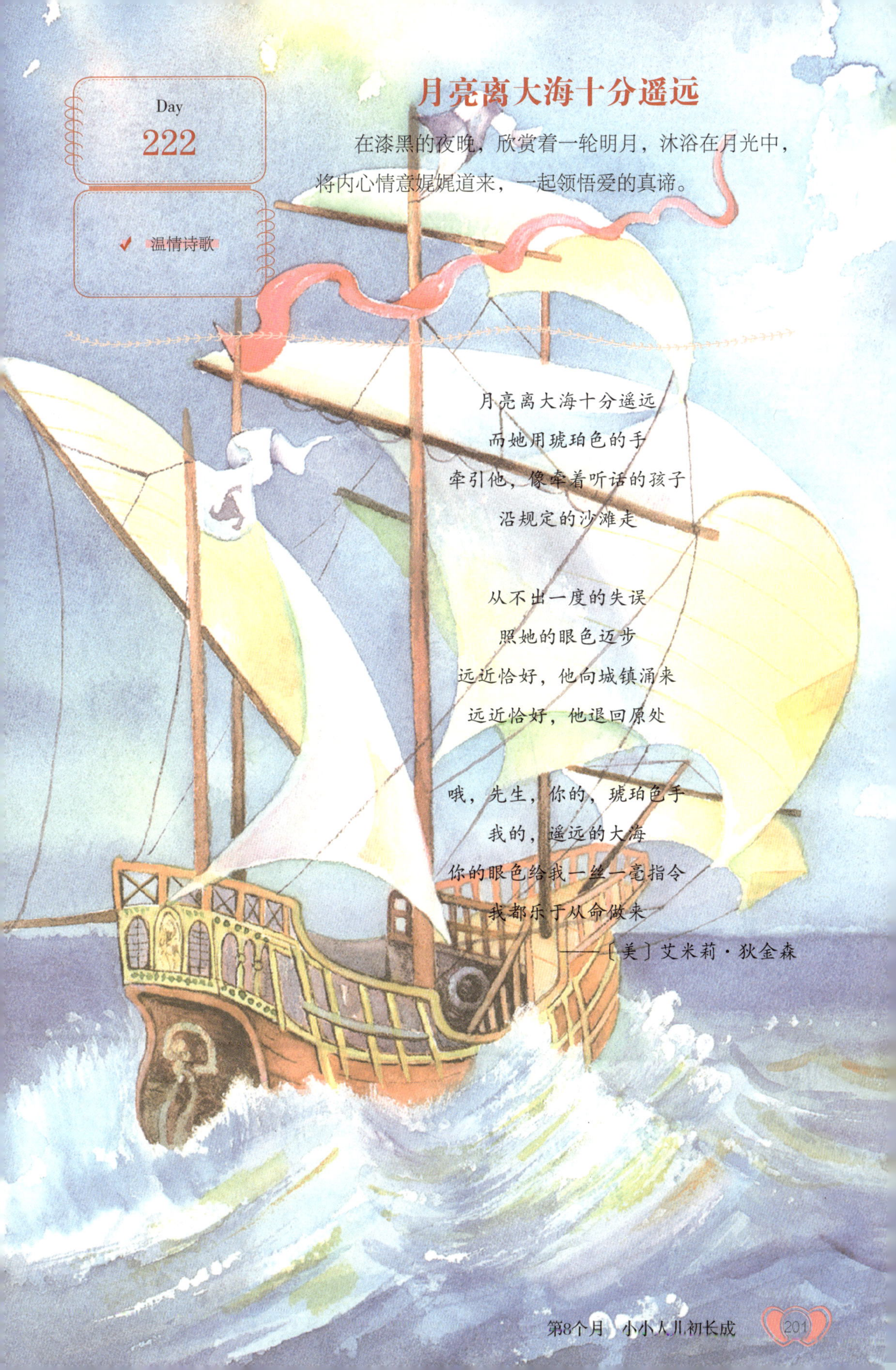

Day

222

✓ 温情诗歌

月亮离大海十分遥远

在漆黑的夜晚，欣赏着一轮明月，沐浴在月光中，将内心情意娓娓道来，一起领悟爱的真谛。

月亮离大海十分遥远
而她用琥珀色的手
牵引他，像牵着听话的孩子
沿规定的沙滩走

从不出一度的失误
照她的眼色迈步
远近恰好，他向城镇涌来
远近恰好，他退回原处

哦，先生，你的，琥珀色手
我的，遥远的大海
你的眼色给我一丝一毫指令
我都乐于从命做来

——［美］艾米莉·狄金森

饮料瓶变身美丽花瓶

教准爸爸一招变废为宝，不妨用家里大大小小的废弃饮料瓶做些漂亮的花瓶，这些美丽的花瓶不仅可以让准妈妈大展插花的手艺，还会令准妈妈的心情非常不错。

🌱花瓶的制作方法

1.将饮料瓶从距离瓶口1/3处剪开，取下面的部分，共剪三个饮料瓶，一个大的，两个稍小的。

2.取一个小瓶子，将彩色胶带顺着瓶子竖直贴出若干条纹，如果有几种颜色的话，可以将几种颜色错开来贴。

3.再取一个小瓶子，将彩色胶带横向转圈贴出若干条纹，颜色可根据自己的喜好选择。

4.将最后一个大瓶子开口部分沿着圆周剪成0.5厘米宽的细条，长5厘米左右，然后将所有细条弯曲，用彩色胶带绕圈固定在细条底部。

5 三个漂亮花瓶就做好了，插花时，可以在花瓶底部放一些小石块，这样花瓶就不会因为太轻而倒下了。

自我放松法

今天介绍一种简单易行的活动，供准妈妈放松身心，在做的时候，最好由准爸爸在一旁陪护。

🌿 自我放松法

1. 平躺在床上，可枕着枕头，双手平放在身旁。

2. 两眼微闭，全身放松，四肢不要用力。可以让准爸爸一手扶着准妈妈的腿，一手轻轻捏一下肌肉，如果有反抗、紧张的表现，则说明准妈妈没放松。

3. 呼吸频率渐渐变缓，轻轻缓缓地吸气，再轻轻缓缓地呼气。

这一活动进行 10 分钟即可。在做这个自我放松的时候，不要为了降低呼吸频率而一下子刻意控制自己的呼吸，避免出现"憋闷"的感觉，要在自然而然的状态下，慢慢放松下来。

第9个月

感受得到准妈妈的情绪

胎宝宝的样子

胎宝宝已经发育得更加完善，准妈妈可能迫不及待地想与胎宝宝见面了！不要着急，耐心地等待几周，他肯定会如期而至的。现在先看看胎宝宝这周的发育情况吧。

🍃 体重进入冲刺阶段

本周，胎宝宝头臀长约31厘米，体重将达到2 300克。他的皮下脂肪还在增加，从现在到出生，他的体重总量可能增加总量的一半，进入体重冲刺阶段。胎宝宝的头发变得更浓密，指甲已长到指尖，但不要担心他会划伤自己，因为指甲一般不会超过指尖。

🍃 身体骨骼变结实

胎宝宝不但体重在增长，骨骼也都在变硬，小身体变得更加结实。不过颅骨还是软软的，也没有完全闭合，这种松动的结构是为在生产时，让胎宝宝的头部能够顺利通过阴道做准备的。宝宝的颅骨板（也就是新生宝宝头顶的囟门）直到他出生后9～18个月大时，才会完全闭合。

🍃 胎头正准备入盆

现在大部分胎宝宝的体位为头朝下，为入盆做准备，性急的胎宝宝头部开始降入骨盆，不过大多数都要在34周以后才会有这样的举动，还需要耐心等待。准妈妈需要坚持产检，时常关注胎头的位置，因为胎位正常与否直接关系到准妈妈的正常分娩。

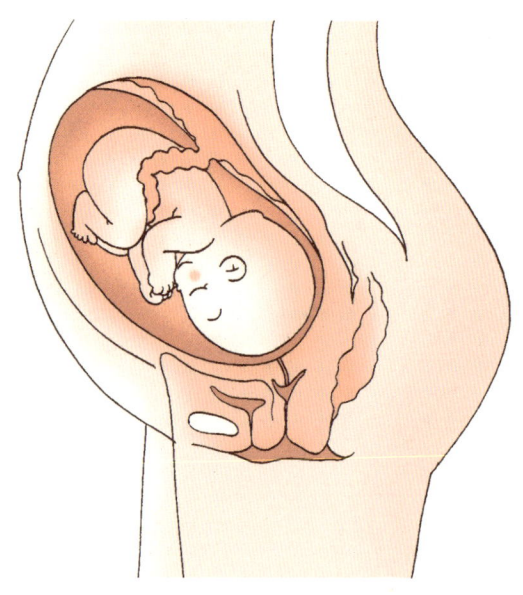

蛋白质大餐——泥鳅焖豆腐

正常女性平均每天蛋白质的需要量为 60 克，怀孕之后的准妈妈，蛋白质的摄入量需逐步增加，以满足胎宝宝生长的需要，怀孕晚期对蛋白质的需要量最大，此时蛋白质补充不足还可能使准妈妈产后身体出现恢复不良、乳汁稀少的情况，对母子身体都不利。

🌿 蛋白质含量丰富的食物

鸡蛋、猪瘦肉、鸡肉、兔肉、牛肉、鱼类、豆制品、小米、豆类等均含丰富蛋白质。

不过准妈妈需要注意，必须增加优质蛋白质的摄入量，即多食鱼、蛋、奶及豆类制品。相比较而言，动物性蛋白质在人体内吸收利用率较高，而豆和豆制品等含有的植物性蛋白质吸收利用率较差。

🌿 食谱推荐：泥鳅焖豆腐

材料：豆腐 200 克，泥鳅 5 条，黄花菜 50 克，姜片适量

调料：料酒、盐各适量，香油少许

做法：

1.黄花菜泡发洗净；豆腐切成小方块；泥鳅用热水烫死，冷水洗去黏液，再去鳃及肠肚，洗净，切成 5 厘米长的段。

2.将豆腐、黄花菜、泥鳅、生姜放入锅中，加适量清水，大火煮沸。

3.加盐、料酒调味，转小火炖约 30 分钟，待泥鳅熟时淋上香油即成。

威尼斯船歌

《威尼斯船歌》是门德尔松《无言歌》中第二集第六首作品，是一首非常有名的船歌题材钢琴曲。像其他所有的"威尼斯船歌"一样，略带一丝忧伤的情绪。呈现在中段及后段的细波般的颤音，令人印象深刻。

意大利的威尼斯是一座世界闻名的水城，不仅风光明丽，令人神往，那里独具魅力的船歌也是闻名遐迩，拨动了无数音乐家的心弦。门德尔松 1830 年去意大利旅行期间，曾听过运河上船夫们悠扬感伤的歌声，留下了深刻的印象，并在此后将其陆续运用在创作的无词歌中。

这首乐曲抒情流畅，有着摇橹般的节奏，在摇晃中洋溢着诗情画意。

第一乐段在旋律的起伏中展现出威尼斯网络密布的河道上，波光粼粼，贡多拉船悠闲徐缓地荡漾水面的惬意情景。第二乐段则让人在威尼斯纵横交错的河道里辗转回旋，徘徊留恋。结束部乐曲渐行渐弱，留下一个轻轻的长音，仿佛船儿已渐渐远去，船夫们的歌声还在人们耳边袅绕着。

水城威尼斯

水面上一座古桥，

一个月亮在古桥上挂。

水面下一座古桥，

一个月亮挂在石桥下。

天上一眨一眨的是星星，

水下是星星一眨一眨。

你说哪一座古桥是真？

你说哪一座古桥是假？

——〔意〕罗大里

绕口令

准爸爸和准妈妈一起读读好玩的绕口令，读着读着就很容易笑起来了。

绕口令的特点是将若干双声、叠韵词汇或者发音相同、相近的词语和容易混淆的字有意集中在一起，组合成简单、有趣的韵语，形成一种读起来很绕口，但又妙趣横生的语言艺术。内容诙谐而活泼，节奏感较强，富有音乐效果。

狮子山上狮子寺

狮子山上狮子寺，山寺门前四狮子，

山寺是禅寺，狮子是石狮。

狮子看着狮山寺，禅寺保护石狮子。

高高山上一根藤

高高山上一根藤，藤条头上挂铜铃。

风吹藤动铜铃动，风息藤定铜铃停。

墙上一面鼓

墙上一面鼓，

鼓上画老虎。

老虎扯破了鼓，

拿块布来补。

到底布补鼓，

还是布补虎。

炖冻豆腐

你会炖我的冻豆腐，

就来炖我的冻豆腐，

你不会炖我的冻豆腐，

别胡炖乱炖炖坏了我的冻豆腐。

扇扇子

没风要扇扇子，

有风不扇扇子。

不扇扇子没风，

扇扇子时有风。

不扇扇子有风，

扇扇子也有风。

腹式呼吸

在未来的这段日子里，腹中的空间对胎宝宝来说已经变得很狭窄，此时准妈妈如果采用腹式呼吸的话，可以给胎宝宝运送更多的新鲜空气。腹式呼吸还可以帮助准妈妈稳定情绪，对于集中注意力也非常有效，还可以起到缓解胸闷、喘气困难等不适的作用。

进行练习时，场地可以自由选择，可以坐在床上，也可以是在沙发上，甚至平静地站着。关键是腰背舒展，全身放松，微闭双眼，手可以放在身体两侧，也可以放在腹部，总之准妈妈觉得舒服就好。衣服尽可能穿得宽松。

准备好以后，用鼻子慢慢地吸气，在心里默默地慢数5下（大约5秒钟）："1、2、3、4、5。"自觉平时肺活量好的孕妈妈可以数6下。

吸气时，要让自己感到气体被储存在腹中，想象胎宝宝目前正居住在一个宽广的空间，然后用鼻子吸气，直到腹部鼓起为止，然后慢慢地将气呼出来，用嘴或鼻子都可以，总之，要缓慢地、平静地呼出来，呼气的时间是吸气时间的两倍。

每天可以做3次以上，选择早上起床前、中午休息时间、晚上睡觉前各做一次。

如果不能把握要领，可以请医生做腹式呼吸的示范，以免方法错误，当准妈妈学会正确的呼吸法后，在生产或阵痛来临时，也可以用腹式呼吸来进行放松，缓解紧张的心理。

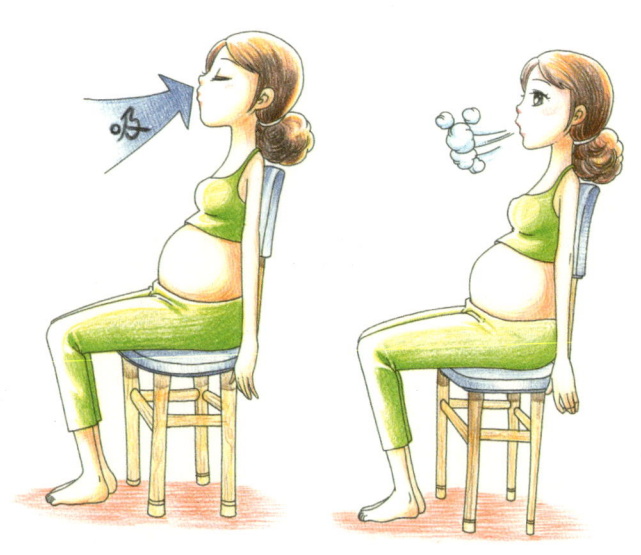

Day
232

✓ 胎儿发育

胎宝宝的样子

现在，胎宝宝已经摆好姿势，开始慢慢下降来为出生做准备啦，随着胎头的下降，准妈妈会觉得呼吸和进食舒畅多了。

成了一个丰满的宝宝

本周，胎宝宝头臀长（坐高）约为32厘米，体重大约2500克，在接下来的几周内，他的皮下脂肪层还在继续变厚，看上去更丰满了，开始有点圆圆胖胖的感觉，这些脂肪层将在胎宝宝出生后帮助他保持体温。

胎头开始入盆

在这一周，大部分胎宝宝将身体转为头位，即头朝下的姿势，完全倒立了。头部已经下降入骨盆，紧压在准妈妈的子宫颈口。也有的胎宝宝会到分娩的时候才入盆。从现在开始，医生会格外关注胎宝宝的位置，因为胎头朝下的姿势更容易自然分娩，如果是其他姿势的话，医生就会采取措施进行纠正。

肺部发育完成

本周，胎宝宝大部分身体器官已经基本发育完成，肺部结构发育完全，除了不会哭，他现在基本具有新生儿所有的行为能力，如果现在早产也能很好地存活下来，并且基本上不会有与早产相关的长期严重问题，准妈妈不必过于担心了。胎宝宝中枢神经系统仍然在继续完善，听力已充分发育，要记得坚持跟他说说话哦。

准妈妈要记得这一周的第八次产前检查，并与医生探讨一下分娩方式。没有特殊状况的准妈妈，医生一般都会建议自然分娩。

分娩疼痛

对于生宝宝的疼，有的妈妈说，女人生孩子就像是人生中"小死"了一场，分娩时那撕心裂肺的疼，现在想起来还心有余悸；还有的妈妈认为分娩并没有想象中那么疼，忍耐一下就轻松生下了宝宝。

到底分娩疼不疼，有多疼，这一定也是准妈妈此刻最想知道的吧？

疼痛是一种主观的感受

其实，疼痛是一种很主观的感受，分娩的疼痛有一部分是来自于心理恐惧，心理负担越重，就越害怕疼痛，而且还会把疼痛放得越大。

一些心理情绪如紧张、焦虑、恐惧等会引起体内一系列神经、内分泌反应，使疼痛加剧，因此有的妈妈觉得生产达到"痛不欲生"的地步，与心理因素的关系很大。

分娩是一件自然而然的过程，是瓜熟蒂落，所以准妈妈要相信自然的力量，相信自己和宝宝，不要因此而恐惧。

如果准妈妈不将自己的注意力放在分娩疼痛上，准妈妈可能会发现，分娩其实是被想象放大的一种疼痛，顺其自然，很快就会伴随宝宝的啼哭声而过去。

疼痛是胎宝宝娩出的动力

分娩就是把胎宝宝从子宫和产道中挤排出来的过程，若没有推动胎宝宝前进的动力，他是无法娩出的，这一动力主要就是子宫的收缩力（疼痛）。虽然胎宝宝在准妈妈体内需要跋涉的路途只有 10 厘米左右，但他前进的每一毫米都是靠着这种身体疼痛来完成的。

可采取医疗手段缓解分娩疼痛

客观地说，分娩是有痛觉的，这是因为在分娩过程中，与子宫相邻的一些组织器官会受到拉扯，产生局部痛感。不过准妈妈对此不必太过担心，因为现代医学已经足够发达，准妈妈可请求医生使用医疗手段帮助缓解分娩疼痛。

爱之降临

《爱之降临》是英国浪漫主义诗人柯勒律治写的一首田园诗，柯勒律治写过不少歌咏湖光山色的田园诗，崇尚"回到大自然中去"，他笔下的大自然都非常的浪漫美好。

爱之降临

啊，爱之初愿对那温柔的心灵多美妙，

就像黄昏时分的第一颗星星

从丝丝微云中悄悄露脸；

那西南风啊多轻柔，

它掠过柳树成荫的草地，

吹动朦胧的水面，

轻拂色列斯的金色田野，

但这怎能比得上爱的甜蜜！

爱来到了农夫的心里，

他激动不已，竟忘记了收割。

（注：色列斯即罗马神话中的谷物女神）

——〔英〕柯勒律治

小夜曲

此时，准妈妈可能正焦急着等待着宝宝的出生，不要担心，来听听这首优美的《小夜曲》吧，听着这样美妙的音乐，相信准妈妈能从中获得自信与力量，与准爸爸一起享受这已为时不多的孕期时光，这样的日子就要告一段落了。

这首《小夜曲》是莫扎特于 1787 年在维也纳完成的，曲子中充满了乐观主义的情绪，具有激情与活力，表现了对美好社会、对光明和正义的追求，如甘泉飞涌，飞涌的方式又那么自然、安详、轻快，整首曲子非常动听、美妙。

那愉悦、美妙的旋律，熟悉和亲切的感觉，使人的心情很快溶入其中，从而得到洗涤、净化；那铿锵有力、富有激情的跳跃的音符，使人无比激动；那亲切抒情、柔美流畅的曲调，又深深打动了人的心；那欢快流畅、淳朴优美的风格，如同陈年香醇的酒、浓郁芳香的茶，令人神志清爽、心情愉悦。

读书女孩

《读书女孩》是得到美术史学家高度评价的作品。画中的少女侧面而坐，仪态万方，典雅而文静。画中色彩的抒情表现力恰到好处，衣裙是饱满的金黄色，增添了少女的魅力。

胎宝宝的样子

在接下来的日子里，胎宝宝随时有可能与准妈妈见面，他现在基本上已经具备了一个新生儿所有的行为能力。

🌱体重增长进入高峰期

本周，胎宝宝头臀长约33厘米，重2 700克，看起来更圆润可爱了。在接下来的几周内，他的体重进入高峰期，还将继续快速增加。现在胎宝宝四肢发育更加协调，手肘和膝盖处开始凹了进去，并在手腕和颈部形成褶皱，手指的指甲长长了，有的可能会超过指尖。

🌱肾脏发育更完善

胎宝宝大部分身体发育已经完成，他还在继续不断地吞咽羊水，然后经过肾脏形成尿液排泄到羊水中，尿液会通过准妈妈的代谢系统代谢出体外，这会让他的肾脏发育更加完善。

🌱胎动逐渐减少

随着胎宝宝的入盆，他的活动空间变小，他渐渐不愿意在这狭小的空间内活动，只有在处于一个很不舒服的位置时，才会勉强扭动一下。不过准妈妈不要担心，只要能感觉到胎宝宝在蠕动，就说明他很好。

这时准妈妈的肚子已相当沉重，大得连肚脐都膨突出来，起居坐卧颇为费力，这时上下楼梯和洗澡时一定要注意安全，防止滑倒。

一堆好朋友

《一堆好朋友》是一本关于合作与奇迹的温馨绘本，精致的文字与温暖的插画互相交融，诠释友情的意义及合作的重要性。瞧，见证奇迹的时刻到了——有好朋友在，什么奇迹都会发生！

小企鹅为什么总是那么忧伤？因为它不会飞。它做过各种努力和尝试，但还是飞不起来。看来靠它自己是飞不起来的。幸运的是，小企鹅在动物园里有一堆好朋友。朋友们当然要帮忙了。

"我生来本是一只鸟，却只能在地面上生活？"

"哪怕有一天只一次，能在云朵上面飘过……"

…………

站在好朋友堆起来的"小山丘"上，小企鹅离云朵已经很近了……

在高高的空中，在白云上面，是一只展翅飞翔，无比幸福的小企鹅！

（脑筋急转弯答案）

1. 酒精。

2. Pig.

3. 蜈蚣，因为无功不受禄。

4. 小象。

5. 芒果。

6. 打的。

7. 如果的。

8. 火腿长（肠）。

9. 能买到九十头呢，因为"九牛一毛"。

10. 王，因为一＋一。

11. 因为用走的就太慢了。

12. 因为小红和小丽家是相对的。

13. Mom is closer because dad is father.["father"（父亲）音同"farther"（更远）]

14. A pear.［"pear"（梨）音同"pair"（一对）］

15. Because she is Miss Fortune.［"Miss Fortune"音同"misfortune"（不幸）］

快乐的农夫

这是人们非常熟悉的乐曲，流传很广，并被改编为其他演奏形式演奏。乐曲清爽快活。

《快乐的农夫》选自《儿童钢琴曲集》，该曲集又名《为喜爱钢琴的小朋友们而作的圣诞曲集》。此曲集是作曲家为大女儿玛丽过十岁生日而写的。舒曼在给友人的一封信中写道："这一《圣诞曲集》拥有先见的预感，是属于为了孩子们向往着的未来而写的。"

曲集中的乐曲在创作时，很明显考虑到了要使孩子们容易弹奏，在技巧上比较浅易，但这些短小的乐曲每首都有着非常惹人喜爱的旋律。

这首《快乐的农夫》情绪开朗，音乐语言简洁，弹奏技巧简单，旋律音调建立在分解和弦上，由上升而下行，起伏自然。

聆听这首乐曲，随着欢快的钢琴节奏，胎宝宝也会随之动起来。如果这时胎宝宝的胎动已经很明显，准妈妈就会发现大肚子一起一伏，这正是音乐带给胎宝宝快乐的表现。

Day
243

✔ 准爸爸互动

脑筋急转弯

　　脑筋急转弯是特别好玩的游戏，在这个游戏中没有复杂的操作，但是却趣味无穷，要多动动脑才能玩得转，并且在玩转之后通常都会会心一笑，心情随之也更好了。

1. 有一坛酒埋在地下过了一千年，结果他变成了什么？

2. 有一只猪，它走啊走啊，走到了英国，结果他变成了什么？

3. 蝴蝶，蚂蚁，蜘蛛，蜈蚣，他们一起工作，最后哪一个没有领到酬劳？

4. 动物园里大象的鼻子最长，那第二长的是谁呢？

5. 哪种水果视力最差？

6. 小强为什么能用一只手让车子停下来？

7. 如果有一辆车，司机是王子，乘客是公主，请问这辆车是谁的呢？

8. 金木水火土，谁的腿长？

9. 一元钱能买多少头牛？

10. 1 加 1 等于什么？

11. 为什么大雁秋天要飞到南方去？

12. 小红和小丽是同学，也住在同一条街，她们总是一起上学，可是每天一出家门就一个向左走，一个向右走，这是怎么回事呢？

13. Who is closer to you, your mom or your dad？（爸爸和妈妈谁和你更近？）

14. What fruit is never found singly？（什么水果永远不会是单个的？）

15. Why are young men unwilling to date the daughter of the Fortunes？（年轻人为什么不愿意和福琼家女儿约会？）

（答案见 217 页）

《库尔的野天鹅》节选

读一读这首诗，准妈妈可以插上想象的翅膀，带着胎宝宝一起"飞"到美丽的天鹅湖畔，欣赏天鹅动人的身姿。

树木披上绚烂的秋装，
　林中的小径晒得干爽。
十月的微曦朦胧，
　一片静空铺水中。
一湖秋水，满池卵石，
　五十九只天鹅在悠游。

自我第一次来此数天鹅，
十九个秋天已悄然逝过。
正当我数着，我看见，
天鹅突然成群冲向蓝天
然后散开，绕着残缺的围圆飞行，
　喧闹地扑棱着翅膀。

它们比翼双飞，永不厌倦，
　时而荡桨于多情的湖面，

时而双翮凌空，一举千里，
　活力永不衰减。
不论游往何地，激情和志向，
　将伴随它们，日久天长。
如今，它们悠游于幽静的水面，
　神秘而又美妍。

它们将沿着怎样的湖边，
在怎样的蒲苇中筑起家园，
让人们把喜悦写入眼帘，
当某天早晨我突然起身，
发现它们早已杳无踪痕？
　　　　　　——〔爱尔兰〕叶芝

胎宝宝的样子

过完这一周，胎宝宝就长成一个健健康康的足月儿，已经具备了一个新生儿所有的行为能力了。在接下来的日子里，胎宝宝随时有可能与准妈妈见面哦！

🌱胎宝宝足月了

胎宝宝的体重在继续增加，一天大概增长 28 克，到本周末，胎宝宝头臀长约 34 厘米，大约重 2 900 克，已经是个足月儿了。一般来说，在预产期的前后两周分娩都算正常，即在 37 ~ 42 周出生的胎宝宝即为足月宝宝，准妈妈应做好宝宝随时到来的准备。

🌱所有器官基本发育完成

胎宝宝所有器官几乎都已发育成熟，能够倾听、感觉，甚至可能看见周围模糊的轮廓。脾脏发育完成，并可以分泌胰岛素了，肾脏也发育完全了，他还在不断地吞咽羊水。胎宝宝中枢神经系统接近成熟，因此反应更灵敏，在熟睡状态下很容易被惊醒。如果准妈妈模仿小孩子的语气和声音跟他说话，更能引起他的注意。

🌱胎粪继续积聚直至出生

这一周，覆盖胎儿全身的绒毛和在羊水中保护胎儿皮肤的胎脂继续脱落，这些脱落的物质和其他分泌物会被胎宝宝吞咽，并积聚在胎宝宝的肠道里直到出生，变成黑色的混合物——胎粪，它将成为胎宝宝出生后的第一团粪便。

这一周，准妈妈可以去做第九次产前检查了，如果条件允许，从现在开始准妈妈最好能每周做一次产前检查，一般医生每次都会安排胎心监护的项目。

摇篮歌

一位母亲坐在摇篮旁边，用手轻轻摇晃摇篮，以亲切的语气，唱着催眠的歌曲，表达了人类最崇高的感情——母亲对孩子的慈祥的爱。

摇篮歌

春天的花香真正醉人，
一阵阵温风拂上人身，
你瞧日光它移得多慢，
你听蜜蜂在窗子外哼：
　　　睡呀，宝宝，
　　　蜜蜂飞得真轻。

天上瞧不见一颗星星，
地上瞧不见一盏红灯；
什么声音也都听不到，
只有蚯蚓在天井里吟：
　　　睡呀，宝宝，
　　　蚯蚓都停了声。

一片片白云天空上行，
像是些小船飘过湖心，
一刻儿起，一刻儿又沉，
摇着船舱里安卧的人：
　　　睡呀，宝宝，
　　　你去跟那些云。

不怕它北风树枝上鸣，
放下窗子来关起房门；
不怕它结冰十分寒冷，
炭火生在那白铜的盆：
　　　睡呀，宝宝，
　　　挨着炭火的温。

——朱湘

临产怎么吃

临产前正确、健康的饮食是顺利分娩的前提条件，分娩时需要很多能量来使得子宫收缩，能量与饮食密切相关，因此，准妈妈在临产前一定要吃对、吃好。

合理选择食物

准妈妈在临产前应该吃高蛋白、半流质、新鲜而且味美的食品，可以根据自己的爱好，选择鱼汤、稀饭、肉粥、藕粉、点心、牛奶、果汁、苹果、西瓜、橘子、香蕉、巧克力、鸡蛋等多样饮食。机体需要的水分可由果汁、水果、糖水及白开水补充。

规律用餐

准妈妈每日进食 4 ~ 5 次，少吃多餐，既不可过于饥渴，也不能暴饮暴食。

准妈妈用餐不规律，不但对胎宝宝没有好处，对自己更不利，胎宝宝完全依赖准妈妈来获得能量，如果准妈妈不吃饭，胎宝宝将得不到需要的营养，他会吸收准妈妈自身所储存的营养，使准妈妈的身体逐渐衰弱下去。

如果准妈妈不按时用餐，这一顿不吃，下一顿吃得多，那么多余的能量就会转化为脂肪贮存起来，所以准妈妈要避免过饥或过饱，要按时用餐并少吃零食。

不吃油腻的食品

临产期间，由于宫缩的干扰及睡眠的不足，准妈妈胃肠道分泌消化液的能力降低，蠕动功能也减弱，吃进的食物从胃排到肠里的时间（胃排空时间）也由平时的 4 小时增加至 6 小时左右，极易存食，因此，最好不要吃过于油腻的油煎、油炸食品，以免长时间无法消化。

摇篮曲

《摇篮曲》特别适合伴随着准妈妈和胎宝宝进入甜美的梦乡，因此在晚上临睡前听一听非常不错，听的时候不妨慢慢闭上眼睛，想象自己正在轻轻摇着睡梦中的宝宝。

《摇篮曲》是勃拉姆斯作于1868年的乐曲。勃拉姆斯很喜欢他的《摇篮曲》，10年之后，当他创作《D大调第二交响曲》时，《摇篮曲》的主题动机竟自然地出现在这部交响曲的第一乐章里。

这首《摇篮曲》节奏舒缓，曲调恬静而悠扬，带来的是宁静与闲适，仿佛是母亲在轻拍着宝宝入睡，深切地表现了母亲温柔慈爱的内心情感，让人在与旋律一同摇摆的过程中，享受着梦境般的美好。

相传《摇篮曲》是勃拉姆斯为祝贺法柏夫人第2个儿子的出生而作的，法柏夫人是维也纳著名的歌唱家，1859年勃拉姆斯在汉堡时，曾被她优美的歌声所感动，从而建立了深厚的友谊，后来就利用她喜欢的圆舞曲的曲调作为伴奏，作成了这首平易可亲、感情真挚的《摇篮曲》送给她。

子

每个人都是父母的孩子，现在，准妈妈和准爸爸也将拥有自己的孩子，这就是生命的延续。与孩子其乐融融地相处，是每个父母美好的憧憬。耐心等待，这个小天使很快就会降临的。

甲骨文　　　金文　　　小篆

现在，来看一看"子"字从古到今的演变。

"子"字的甲骨文字形，像小儿在襁褓中，有头、身、臂膀，两足像并起来的样子。其字的本义是在襁褓中挥动双臂、尚不能独立的幼儿。金文的"子"，承续了甲骨文字形，保留其原意。篆体的"子"，看起来像是一个伸出双臂等待妈妈拥抱的孩子。隶变后变成了现在的字形。

隶书　　　　　楷体

第 10 个月

你好，爸爸妈妈

胎宝宝的样子

顺利进入孕育的最后一个月啦，真的很为准妈妈和胎宝宝感到骄傲！产期临近，准妈妈的身体的不适和内心的不安都有所加重，再耐心坚持一下，很快就会和胎宝宝见面了。

🌿 头发继续生长，变得又长又密

胎宝宝现在头臀长约 35 厘米，重约 3 200 克，体重仍然在增加。他的皮肤还是有点薄，呈现出淡淡的红色，头发还在继续增长，变得又多又密了，但是也有一些胎宝宝出生时几乎没有头发，或者只有淡淡的绒毛。这个时候的头发情况并不决定出生后的情况，日后随着营养的补充，他的头发会自然变得浓密光亮。

🌿 各器官已经基本发育完全

胎宝宝已经基本发育完全，肺是胎宝宝最后发育完善的器官，现在也变得更加完善，为子宫外的生活做好了准备。手、脚的肌肉变得发达，骨骼也变硬了，能够有力地抓握和踢腿，但现在他活动的空间变小，胎动稍微减少。

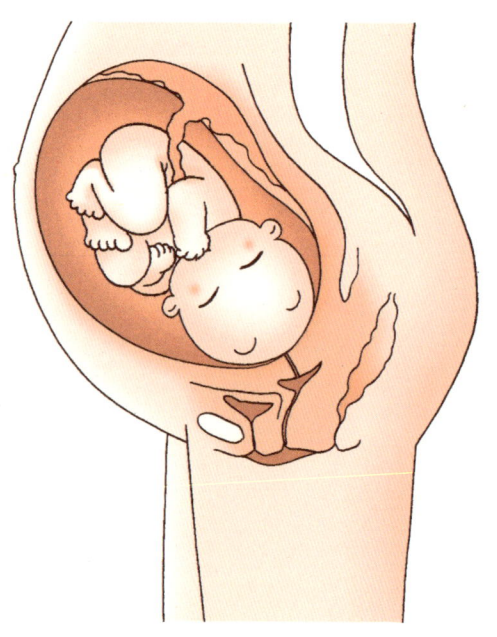

胎宝宝头部现在已经完全入盆，随时等待着降临人世。但有的胎宝宝的头还没有转下来，此时，医生可能会建议准妈妈做"胎位外倒转术"，即在 B 超监测下，在准妈妈的腹部外面通过手法推动胎儿，来改变胎儿的体位。

Day
254 ～ 256

✓ 准爸爸互动

幸福手语——欢迎你，小宝贝

手语同语言一样，是一种交流的方式，在做手语时，准妈妈的心绪会很宁静，这能对胎宝宝产生良性刺激。

其实，手语也可以跟腹中的胎宝宝沟通，在做手语时，准妈妈的眼睛注视准爸爸的手，并用心记住手的运动轨迹，这一切，都将传达给胎宝宝。

幸福手语——爸爸爱你

爸爸：一手伸拇指贴在嘴唇上。（妈妈：一手伸示指贴在嘴唇上）

爱：一手轻轻抚摩另一手拇指指背，表示一种"怜爱"的感情。

你：一手示指指向对方，如果胎宝宝还没有出生，可以指向妈妈腹部，并温柔地注视。

幸福手语——欢迎你，小宝贝

欢迎：这是两个分解动作。第一步：双手鼓掌。第二步：双手掌心向上，往旁移动一下，如邀请动作。

你：一手示指指向对方。

小：一手拇指捏小指指尖。

宝贝：宝贝这个词也是分解动作。第一步：右手虚握，然后甩腕，五指张开，掌心向下。第二步：左手伸出拇指，手背向外。第三步：右手轻拍几下左手背。

舒伯特《小夜曲》

也许准妈妈并不知道舒伯特的《小夜曲》，但准妈妈一定听过这首优美的曲子。这是舒伯特短暂的一生最后完成的独唱艺术歌曲之一，也是舒伯特最为著名的作品。

在月亮升起的时刻，一个小伙子正抱着吉他在心爱的姑娘窗下弹奏，随后，他唱出了感情真挚、表达爱慕心情的歌：

> 我的歌声穿过深夜，向你轻轻飘去。
> 在在这幽静的小树林里，爱人我等待你；
> 皎洁月光照耀大地，树梢在耳语，树梢在耳语。

> 没有人来打扰我们，亲爱的别畏惧，亲爱的别畏惧！
> 歌声也会使你感动，来吧，亲爱的！
> 愿你倾听我的歌声，带来幸福爱情，
> 带来幸福爱情，幸福爱情！

> 你可听见夜莺歌唱？她在向你恳请，
> 她要用那甜蜜歌声，诉说我的爱情；
> 她能懂得我的期望，爱情的苦衷，爱情的苦衷。

> 用那银铃般的声音，感动温柔的心，
> 感动温柔的心。
> 歌声也会使你感动，来吧，亲爱的！
> 愿你倾听我的歌声，带来幸福爱情，
> 带来幸福爱情，幸福爱情！

Day
258 ~ 259

✔ 调出好情绪

你不必完美

成为一个好妈妈的过程，可能是从完美妈妈转变为刚刚好妈妈的过程，任何时候，第一时间要做的，绝不是苛责自己，而是接纳自己，承认自己会遇见问题，愿意承认自己在关系处理上可能会有缺点，而后才能重拾勇气与力量，继续去努力。

越是临近生产，准妈妈们越是容易感觉焦虑，常常会列出一个长长的问题清单：

有没有早产的可能？

一连几天忘了跟胎宝宝互动，好自责；

生孩子万一遇到周末或半夜怎么办？

爬楼梯喘气，运动不多，会不会不好生呢？

周末或晚上有没有好医生？

有几个医生和助产士值班？

万一要顺转剖咋办？

…………

妈妈们总是担心自己哪里没有做好，害怕做得不够好影响到孩子，因此惶恐又自责，"做一个完美的好妈妈"就像一个阳光下闪闪发亮的泡泡，看上去特别美，然而却不能永远维持，而妈妈们却很容易将它当成标准，一旦不达标，就陷入自我怀疑、焦虑不安的情绪中。

然而，每个人都是肉体凡胎，当我们屈从于"好妈妈"的标准，最大的代价便是失去自我，这个时候我们不是从自己对生活的判断和感受出发，而是从一切"别人"告诉我们、约束我们的"该怎么做"出发，事事都以"别人"或"专家"的话为标准，再好的妈妈，都有被打败的一天。

丘吉尔说：完美主义让人瘫痪。理想的生活，并不是事事如意、面面俱到、时时完美，而是一家人彼此相依，发现细微的美好，感受到温暖与快乐，孩子也因此能感受到爱的流动。

胎宝宝的样子

现在胎宝宝的各个器官发育完全并已各就各位，为出生做好了准备。不过，他对准妈妈充满了依恋，可能还想继续呆上几周呢，不要着急，做好准备，耐心期待他的降临吧。

皮肤变得更加光滑

这一周，胎宝宝头臀长 36 厘米左右，体重约为 3 400 克，还在继续增加。胎宝宝的皮肤开始增厚，表面的褶皱已经消失，覆盖的一层细细的绒毛和大部分白色的胎脂还在逐渐脱落，胎宝宝看起来又胖又圆，皮肤细腻光滑，煞是可爱。

胎儿的器官已经完全发育

现在胎宝宝的各个器官发育完全并已各就各位，胎宝宝的神经细胞已基本发育完成，脑部开始工作了，肺部表面活化物质的产量开始增加，使肺泡张开，足以发挥功能了，且脑部和肺部将在胎宝宝的整个童年时期继续发育。

头部完全入盆，身体继续向下

这一周，胎头已经完全入盆，并会在骨盆腔内摇摆，让自己的身体继续向下。胎宝宝周围有准妈妈骨盆的保护，很安全。

胎宝宝在预产期前两周和后两周出生都是正常的，如果到了预产期胎宝宝还没有出生，准妈妈不要着急，坚持每周产检一次就好。

散文《春》

《春》是朱自清的散文名篇，在这篇"春的赞歌"中，饱含了作家特定时期的思想情绪、对人生及至人格的追求，表现了作家骨子里的传统文化积淀和他对自由境界的向往。

盼望着，盼望着，东风来了，春天的脚步近了。

一切都像刚睡醒的样子，欣欣然张开了眼。山朗润起来了，水涨起来了，太阳的脸红起来了。

小草偷偷地从土里钻出来，嫩嫩的，绿绿的。园子里，田野里，瞧去，一大片一大片满是的。坐着，躺着，打两个滚，踢几脚球，赛几趟跑，捉几回迷藏。风轻悄悄的，草软绵绵的。

桃树、杏树、梨树，你不让我，我不让你，都开满了花赶趟儿。红的像火，粉的像霞，白的像雪。花里带着甜味儿；闭了眼，树上仿佛已经满是桃儿、杏儿、梨儿。花下成千成百的蜜蜂嗡嗡地闹着，大小的蝴蝶飞来飞去。野花遍地是：杂样儿，有名字的，没名字的，散在草丛里，像眼睛，像星星，还眨呀眨的。

"吹面不寒杨柳风"，不错的，像母亲的手抚摸着你。风里带来些新翻的泥土的气息，混着青草味儿，还有各种花的香，都在微微润湿的空气里酝酿。鸟儿将窠巢安在繁花嫩叶当中，高兴起来了，呼朋引伴地卖弄清脆的喉咙，唱出宛转的曲子，与轻风流水应和着。牛背上牧童的短笛，这时候也成天嘹亮地响着。

雨是最寻常的，一下就是三两天。可别恼。看，像牛毛，像花针，像细丝，密密地斜织着，人家屋顶上全笼着一层薄烟。树叶子却绿得发亮，小草也青得逼你的眼。傍晚时候，上灯了，一点点黄晕的光，烘托出一片安静而和平的夜。乡下去，小路上，石桥边，有撑起伞慢慢走着的人，地里还有工作的农民，披着蓑，戴着笠的。他们的草屋，稀稀疏疏的，在雨里静默着。

天上风筝渐渐多了，地上孩子也多了。城里乡下，家家户户，老老小小，他们也赶趟儿似的，一个个都出来了。舒活舒活筋骨，抖擞抖擞精神，各做各的一份事去。"一年之计在于春"，刚起头儿，有的是工夫，有的是希望。

春天像刚落地的娃娃，从头到脚都是新的，它生长着。

春天像小姑娘，花枝招展的，笑着，走着。

春天像健壮的青年，有铁一般的胳膊和腰脚，他领着我们上前去。

大力美食——鱼头汤

在临产前，家人如果为准妈妈在饮食上多做一些准备，在分娩时以至月子里都会给准妈妈带来很多益处，以下这款菜肴是专为临产前的准妈妈量身打造的，不妨尝试一下。

🌿 鱼头汤

材料：大鱼头1个，五花肉、香菇少许，姜丝、豆腐、大白菜适量。

调料：花生油、盐各适量。

制作：五花肉、香菇切丝，鱼头用油煎到半熟；锅里放少许油加热后，放进五花肉丝、香菇丝、姜丝爆香；再放入大白菜、豆腐、鱼头及水，蒸煮2小时后放进少量盐即成。

提示：

这道汤里可加入粉丝或面条，最好用陶锅来炖煮。鱼头里钙含量非常丰富，如果和大骨汤、鸡骨汤轮流食用，可以更好地帮助准妈妈增加体力。

金色的秋天

《金色的秋天》是俄国杰出的的写生画家、现实主义风景画大师列维坦的名画。在画中，作家用洗练的笔调、充沛的感情展现了俄罗斯大地上的秋景。

胎宝宝的样子

胎宝宝就要呱呱坠地了，他现在还在继续囤积脂肪，养精蓄锐等着临产的时机。准妈妈和准爸爸做好迎接他的准备了吗?

🌿 外层皮肤正在脱落

本周，胎宝宝头臀长约 37 厘米，体重已有约 3 500 千克，男孩的出生体重往往比女孩稍重一些。他的脂肪层也还正在加厚，这会帮助他在出生后控制体温。胎宝宝的外层皮肤正在脱落，取而代之的是下面的新皮肤，这也是准妈妈看到新生儿有点脱皮的原因。

🌿 免疫系统已经建立

这个阶段，胎宝宝本身的免疫系统虽已建立，但还不十分成熟，为了补偿这种不足，胎宝宝可以通过胎盘接受来自准妈妈的抗体，从而抵御流行性感冒等疾病。胎宝宝出生后准妈妈还可以将抗体通过母乳输送给他，给他提供保护。这正是提倡母乳喂养的原因之一。

🌿 压迫子宫颈，准备降生

胎宝宝已经完全入盆，头部已固定在骨盆中，将会向下运动压迫准妈妈的子宫颈，准妈妈的尿频会加重。随着头部的逐渐下降，他便会来到这个世界上。

对于大多数准妈妈来说，接下来的两周就只是耐心地等待了。在等待时，坚持数胎动确定胎宝宝的安全，并仔细观察自己的身体变化，再将整个身心放轻松，可以缓解准妈妈的焦虑情绪。

仙人世界

这首诗从一个孩子角度来看世界，借传说中的皇后、公主等形象，写出在孩子的心目中，妈妈有多么美丽动人，这首美丽的诗歌很适合读给胎宝宝听哦。

仙人世界

如果人们知道了我的国王的宫殿在哪里，它就会消失在空气中的。

墙壁是白色的银，屋顶是耀眼的黄金。

皇后住在有七个庭院的宫苑里；她戴的一串珠宝，值整整七个王国的全部财富。

不过，让我悄悄地告诉你，妈妈，我的国王的宫殿究竟在哪里。

它就在我们阳台的角上，在那栽着杜尔茜花的花盆放着的地方。

公主躺在远远的、隔着七个不可逾越的重洋的那一岸沉睡着。

除了我自己，世界上便没有人能够找到她。

她臂上有镯子，她耳上挂着珍珠；她的头发拖到地板。

当我用我的魔杖点触她的时候，她就会醒过来，而当她微笑时，珠玉将会从她唇边落下来。

不过，让我在你的耳朵边悄悄地告诉你，妈妈，她就住在我们阳台的角上，在那栽着杜尔茜花的花盆放着的地方。

当你要到河里洗澡的时候，你走上屋顶的那座阳台来吧。

我就坐在墙的阴影所聚会的一个角落里。

我只让小猫儿跟我在一起，因为它知道那故事里的理发匠住的地方。

不过，让我在你的耳朵边悄悄地告诉你，那故事里的理发匠到底住在哪里。

他住的地方，就在阳台的角上，在那栽着杜尔茜花的花盆放着的地方。

——〔印度〕泰戈尔

回家

✔ 美妙音乐

用什么音乐来欢迎即将到来的小宝宝呢？

这首迷人的萨克斯曲《回家》特别合适，在这段日子里，和胎宝宝一起欣赏这首曲子，让这曲《回家》，带着准妈妈和准爸爸的期盼之情，欢迎他的到来吧！

《回家》这首乐曲作者为美国著名萨克斯演奏家凯丽·金，悠扬清亮的萨克斯，像召唤游子回乡的白云，即使远在千里万里，也让人在它的柔和、清纯的声音里，在白云的带领下，回到阔别已久的家。

如果喜欢这种萨克斯演奏的音乐，准妈妈还可以选择凯丽·金的其他萨克斯名曲听一听哦。

胎宝宝的样子

等待是让人忐忑又兴奋的，准妈妈就要和胎宝宝告别这十月幸福而难忘的时光了，再耐心点，他一定不会辜负准妈妈十月怀胎的辛苦，安全降临到这个世界的。

🌿 随时都可能出生的小生命

胎宝宝出生时平均身长大约为 52 厘米，体重一般都在 3 600 克左右，但应注意避免让胎宝宝的体重达到 4 千克以上。胎宝宝身体内的所有器官和系统都已发育成熟，随时可以出生了，准妈妈要特别关注临产的征兆。

🌿 等待一声响亮的啼哭

胎宝宝最后一个成熟的器官肺部的最终运作需要胎宝宝的第一声啼哭。随着他的哭声，会激发心脏和动脉的结构迅速产生变化，从而使血液输送到肺部，帮助他建立起正常的呼吸模式。他出生后第一声啼哭通常都是没有眼泪的，因为他的泪腺功能还没有被开发，这种情况会持续两三周。

🌿 胎盘开始老化，羊水变浑浊

现在，胎宝宝的重要生命线——胎盘正在老化，传输营养物质的效率在逐渐降低，同时胎宝宝所处的羊水环境也有所变化，原来清澈透明的羊水变得浑浊，成了乳白色液体，如果过期妊娠，这些变化将会给胎宝宝带来危险。

考虑到胎宝宝的健康，如果超出预产期 2 周还没出生，医生会建议终止妊娠，采取催产手段或施行剖宫产让胎宝宝娩出。

新生儿喂养

从现在开始新妈妈要做一件从未做过的事情——哺乳。也许新妈妈认为给宝宝喂奶就像电视中所看到的掀开衣服就吃那样简单，这样想就大错特错了。事实上，给宝宝哺乳并没有那么容易。如何让宝宝吃好吃饱，也是学问多多哦。

🌱 最佳开奶时间

宝宝刚出生，第一口奶什么时候喝最合适呢？根据调查显示，新生儿出生后10～30分钟是一个敏感期，这个时候新生儿的吸吮反射最强，对乳房泌乳的刺激更是力道非凡，所以尽可能在宝宝出生的30分钟内给他喝第一口奶吧！

🌱 勤吸吮是最重要、最好的通乳方式

哺乳频率会影响母乳的分泌量。分娩后，位于大脑底部的垂体前叶就开始分泌一种叫催乳素的激素，这种激素能刺激乳腺合成脂肪、乳糖和蛋白质，使乳腺分泌乳汁。当宝宝吸吮乳头时，感觉冲动迅速将信息传导到垂体后叶，促其分泌催产素。催产素经血液到达乳房，使泌乳细胞收缩，喷出乳汁，这个过程称为"喷乳反射"。宝宝吸吮得越早，新妈妈泌乳就越早；宝宝多吸，新妈妈就多分泌；宝宝少吸，新妈妈就少分泌乳汁。

🌱 含乳姿势

哺乳时新妈妈要将乳头和大部分乳晕送入宝宝口中，使乳晕下方尽可能全部进入宝宝口中。只有在宝宝嘴含住乳晕部分时，乳房才会像得到信号似的极其敏感地开始"开闸放水"。只含乳头就是出不来乳汁，新妈妈和宝宝干着急也没用。宝宝只吸吮新妈妈乳头为什么吸不出奶来就是这个道理。含乳姿势不当，还会造成乳头皲裂，给新妈妈的哺乳造成思想负担。一旦有乳头皲裂，可以在喂奶后在乳头上涂抹纯羊脂膏，最好选择可以安全入口的护肤膏。

Day
278 ~ 280

✓ 胎教新知

搂抱对于新生儿的意义

宝宝出生带来喜悦过后，妈妈可能会遇到一些难题，不仅是喂养上的问题，还有情感上的暂时障碍，因此，与新生宝宝尽快建立起甜蜜的情感非常重要。

● 有经验的产科医生会在宝宝出生后30分钟内，把新生宝宝放置在妈妈的胸前，这就是为了让新生宝宝听到妈妈的心跳，让他安心。

● 对新生宝宝而言，依恋是他的一种重要的情感体验，它的形成与妈妈或亲人及时满足他的需要，给他带来了愉快、安全等的感觉有关。

● 新生宝宝天生有一种身体记忆力，他们会在潜意识里记住父母对他的好，透过身体感受父母的爱，特别是搂抱这种亲密的亲子行为，能让妈妈跟自己的新生宝宝感情突飞猛进！

● 在搂抱的过程中，新生宝宝会熟悉妈妈的味道，妈妈一靠近他，他就会感受到支持，觉得温暖、安全，全身舒适，愉快而又放松。

分娩后的搂抱对母子关系的建立和日后安抚新生宝宝都有事半功倍之效，新生宝宝的表情也会因此显得安恬及放松，不管分娩后妈妈是否精疲力竭，都应努力抱持新生宝宝一会儿，至少让他伏在妈妈胸口睡上一小觉哦。

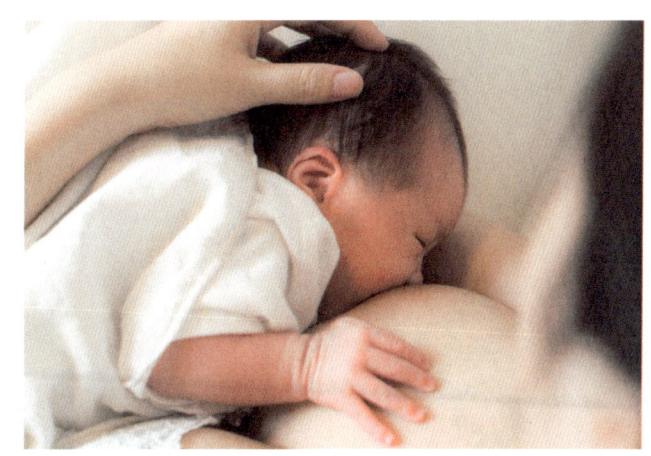

图书在版编目（CIP）数据

胎教一天一页 / 艾贝母婴研究中心编著 . -- 成都：
四川科学技术出版社 , 2021.7
ISBN 978-7-5727-0163-4

Ⅰ.①胎… Ⅱ.①艾… Ⅲ.①胎教－基本知识 Ⅳ.
① G61

中国版本图书馆 CIP 数据核字 (2021) 第 127769 号

胎教一天一页
TAIJIAO YI TIAN YI YE

出 品 人　程佳月
编 著 者　艾贝母婴研究中心
责 任 编 辑　何　光
助 理 编 辑　王星懿
封 面 设 计　仙　境
责 任 出 版　欧晓春
出 版 发 行　四川科学技术出版社
　　　　　　地址：成都市槐树街2号 邮政编码：610031
　　　　　　官方微博：http://weibo.com/sckjcbs
　　　　　　官方微信公众号：sckjcbs
　　　　　　传真：028-87734035
成 品 尺 寸　170mm×240mm
印 　 张　16
字 　 数　320千
印 　 刷　天津市光明印务有限公司
版次/印次　2021年8月第1版 2021年8月第1次印刷
定 　 价　49.80元